Poissons d'aquarium d'eau douce

Peter Hiscock

Ouvrage publié pour la première fois en Angleterre en 2007,
par Interpet Publishing, Vincent Lane, Dorking, Surrey,
sous le titre *Communities fishes*.

Toutes les photographies sont de Geoffrey Rogers/Interpet Publishing,
excepté les suivantes : Aqua Press (M.-P. & C. Piednoir) : 38-39, 45 hg, 55 m, 58 hg, 59 hg, 67 m, 69 bg, 72 bd, 74 hg, 75 b, 76 bd, 83 b ; Neil Hepworth : 61 bg ; Peter Hiscock : 75 m ; Jan-Eric Larsson-Rubenowitz : 95 hd.

Pour l'édition française :
Suivi éditorial : Laurence Dechel
Traduction et adaptation : Isabelle Charleuf-Calmets
Relecture : France Fauchère
PAO : Francis Rossignol, Isabelle Véret
Photogravure : Stéphanie Tridoux

ISBN : 978-2-8160-0336-9
N° d'éditeur : 8160
Dépôt légal : août 2012

Achevé d'imprimer : juillet 2012
Imprimé en Chine par Toppan Leefung Ltd

SOMMAIRE

Les habitats naturels

Dans la nature, on trouve des poissons dans pratiquement tous les environnements aquatiques. Les poissons tropicaux d'eau douce couramment utilisés en aquariophilie proviennent de nombreuses régions s'étendant sur le monde entier. Toutes ces régions sont composées d'habitats divers, chacun étant unique en son genre. Mais un habitat peut subir des modifications importantes au cours d'une année. En conséquence, les poissons tropicaux d'eau douce ont évolué de façon à s'adapter à de tels changements, ce qui en fait des poissons idéaux pour les aquariums. Cela ne veut pas dire qu'ils tolèrent de mauvaises conditions, mais qu'ils ont la capacité de s'adapter aux évolutions.

Les rivières de montagne sont fraîches et rapides ; elles abritent des poissons dont les corps profilés et les nageoires courtes résistent aux courants les plus forts. Beaucoup sont algivores, ils broutent leur nourriture sur les pierres.

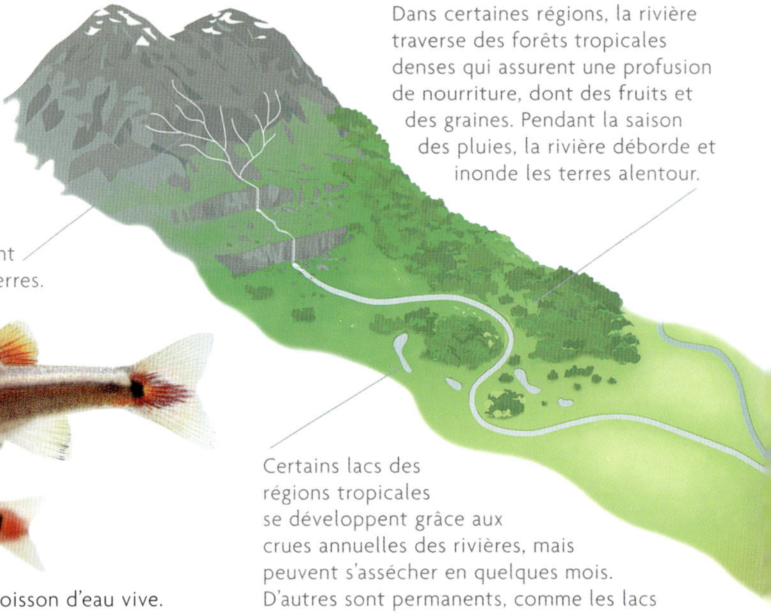

Dans certaines régions, la rivière traverse des forêts tropicales denses qui assurent une profusion de nourriture, dont des fruits et des graines. Pendant la saison des pluies, la rivière déborde et inonde les terres alentour.

Certains lacs des régions tropicales se développent grâce aux crues annuelles des rivières, mais peuvent s'assécher en quelques mois. D'autres sont permanents, comme les lacs de la vallée du Rift africain, et fournissent un habitat à de nombreux types de poissons tout au long de l'année.

▲ Le tanichthys est un poisson d'eau vive.

▼ Cichlidés des lacs de la vallée du Grand Rift.

▼ Le tétra à bouche rouge *(Hemigrammus bleheri)* vit dans des rivières tropicales riches en plantes.

▲ Le grand pléco (*Hypostomus* sp.) est adapté au courant rapide des rivières.

▼ Le poisson-archer *(Toxotes jaculatrix)* se plaît dans les eaux saumâtres.

► Le gourami perlé *(Trichogaster leeri)* préfère les aquariums densément plantés.

Une fois que les affluents se sont jetés dans la rivière principale, cela devient une grande étendue d'eau qui peut abriter des populations d'animaux plus grands. Suivant les lieux, le cœur de la rivière héberge des espèces de barbus, de Cichlidés, de poissons-chats et de carpes qui peuvent atteindre 1 m de long.

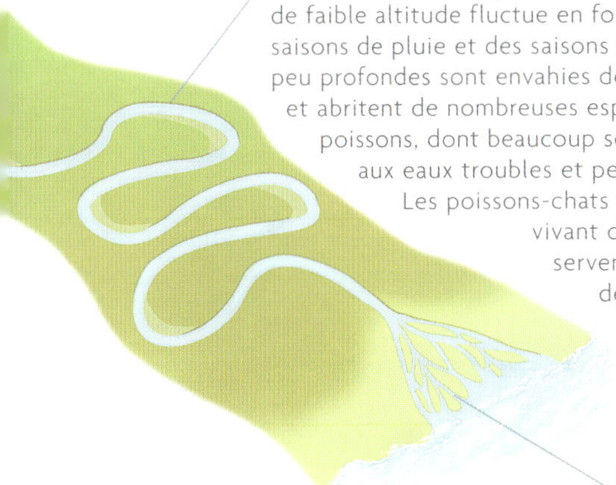

La taille des marécages des habitats tropicaux de faible altitude fluctue en fonction des saisons de pluie et des saisons sèches. Les eaux peu profondes sont envahies de végétation et abritent de nombreuses espèces de poissons, dont beaucoup sont adaptées aux eaux troubles et peu oxygénées. Les poissons-chats et les loches vivant dans le fond se servent du toucher et de l'odorat pour localiser leurs proies.

Avec le temps, les rivières érodent les berges et changent de cours, laissant derrière elles des poches d'eau qui deviennent parfois des étangs, des lacs ou des lagons.

Lorsque la rivière approche de l'océan, elle commence à se mélanger à de l'eau salée, créant un habitat d'eau saumâtre. Les poissons d'eau saumâtre sont adaptés pour survivre aux différentes concentrations en sel de l'eau. Dans de nombreuses régions tropicales, les mangroves s'épanouissent dans les eaux saumâtres.

L'anatomie des poissons

Il est utile pour un aquariophile de se familiariser avec les noms des nageoires et autres parties du corps des poissons. Lorsque vous regardez un poisson, certains détails sur la forme de son corps (la position des nageoires, la taille de la bouche et les éventuels barbillons) vous indiquent clairement dans quelle partie de la colonne d'eau le poisson vit, s'il est sédentaire ou actif, ce qu'il mange et ne mange pas, voire si vous pouvez l'introduire sans risque dans votre bac communautaire ou si, au contraire, il risque de manger tout ce qui s'y trouve !

Les Cyprinidés (danios, barbus, rasboras)

Les Cyprinidés, comme ce danio, sont profilés pour faciliter les mouvements rapides et ont besoin d'espace dans l'aquarium.

Le pléco

▼ Tout comme d'autres poissons-chats, l'*Hypostomus* possède de robustes épines operculaires et trois rangées de plaques osseuses protectrices le long du corps. Prenez garde lorsque vous manipulez ce poisson car il peut s'enchevêtrer dans le filet. Ne cherchez pas à le libérer ; laissez-le se libérer seul ou bien découpez le filet avec précaution.

Les poissons de surface

▼ Le dos plat et la bouche renversée du panchax rayé *(Aplocheilus lineatus)* sont typiques des poissons qui vivent et se nourrissent à la surface de l'eau.

Les épines des nageoires pectorales de certains poissons-chats se verrouillent et servent à fixer le poisson à un support tout en étant un système de défense.

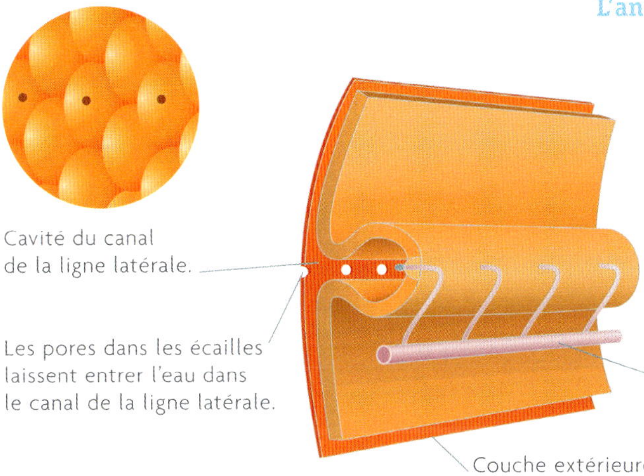

◀ La ligne de pores qui court de la tête à la queue le long des flancs du poisson est une ouverture vers la ligne latérale, système d'organes sensoriels qui répond aux variations de pression et donne au poisson conscience des objets aux alentours.

Poisson seul, en couple ou en groupe ?

Certains poissons doivent être élevés seuls soit parce qu'ils se battent entre eux à la moindre provocation, soit parce qu'ils ont besoin d'un territoire et qu'il n'y a pas suffisamment de place pour plus d'un individu. Lorsqu'on peut différencier les sexes, il est recommandé d'acheter un couple, mais lorsque ce n'est pas possible, alors le nombre minimum est de deux individus. Les poissons grégaires doivent être élevés en banc, non seulement parce que c'est joli, mais parce que c'est dans leur nature.

Jour et nuit

La nuit, les poissons entrent dans un état ressemblant au sommeil, qui est vital pour leur santé. Éclairez l'aquarium pendant 10-12 heures par jour et veillez à ce qu'il y ait de la lumière dans la pièce lorsque l'éclairage du bac s'allume et s'éteint : cela évitera des changements lumineux soudains et brusques. Utilisez un minuteur pour créer un cycle jour/nuit régulier.

▼ La femelle ramirezi *(Microgeophagus ramirezi)* est plus petite que le mâle (en bas).

▼ Comme tous les tétras, les tétras-fantômes rouges *(Megalamphodus sweglesi)* sont des poissons de banc qui ne s'épanouiront pas s'ils sont seuls.

Les communautés de poissons

Les aquariophiles débutants ont tendance à choisir « un peu de tout » pour peupler leur premier aquarium. Le premier peuplement de poissons est généralement décrit comme une « communauté » et, s'ils sont choisis avec attention, les « poissons communautaires » toléreront des conditions similaires et auront soit une attitude pacifique soit une indifférence saine pour les autres. Cependant, ce terme est seulement une indication, car tous les poissons communautaires ne coexistent pas sans problème. Par exemple, un poisson capable de pincer des espèces à longues nageoires sera toujours considéré comme un poisson communautaire parce qu'il peut vivre en harmonie avec une communauté de poissons sans longues nageoires. Les poissons de nature tranquille préfèrent cohabiter dans un environnement paisible et risquent de stresser s'ils sont avec des espèces hyperactives ; pourtant, les deux types de poissons sont considérés comme des poissons communautaires. Vérifiez toujours les besoins spécifiques des poissons que vous désirez acclimater ensemble.

Les niveaux de l'aquarium

Coup de main

Beaucoup de poissons ont des caractéristiques qui peuvent être utiles dans l'aquarium. Les fouilleurs vont fourrager dans le substrat, déplaçant les particules qui seront ensuite aspirées dans le filtre. D'autres poissons mangent les algues et les feuilles mortes. Introduire de tels poissons vous aidera à garder un aquarium propre.

Des poissons qui nagent à tous les niveaux forment un aquarium communautaire attrayant et équilibré.

SURFACE

Les poissons du niveau supérieur prennent leur nourriture à la surface ; dans la nature, ce sont des insectes, des fruits et des graines flottant sur l'eau. Certains sautent très bien, il faudra donc prévoir un couvercle.

Le poisson-hachette est un poisson de surface.

MILIEU

La zone intermédiaire abrite des poissons de banc actifs, comme de nombreux tétras qui s'ébattent en pleine eau, ainsi que des poissons plus lents et tranquilles, comme les poissons-anges et les gouramis.

Les rasboras-ciseaux préfèrent le milieu de l'aquarium.

FOND

Les poissons de fond forment un groupe caractéristique ; beaucoup sont nocturnes de nature, et se cachent dans les plantes et les roches le jour. Cela inclut les poissons-chats et les loches.

Corydoras.

La compatibilité

De nombreux aquariophiles débutants sont surpris de découvrir que leurs poissons ont des caractéristiques individuelles et se comportent très différemment. Dans l'enceinte d'un aquarium, les conflits qui ont lieu entre des poissons aux règles sociales différentes peuvent être stressants pour eux et créer des bouleversements dans la communauté. Il est important de savoir quelles espèces peuvent s'entendre avec quelles autres lorsqu'on choisit et achète ses poissons, et comprendre pourquoi les poissons rentrent en conflit aide à créer un peuplement pacifique.

Qu'est-ce qui fait un poisson communautaire ?

Le terme « poisson communautaire », qui s'applique à toute espèce qui n'est pas par nature très agressive ou territoriale, ne signifie pas nécessairement que le poisson s'entend avec tous les autres. Cela veut plutôt dire qu'un « poisson communautaire » peut s'acclimater sans problème dans une communauté d'espèces compatibles. Pour vérifier quel poisson est compatible avec un poisson communautaire particulier, vous devrez connaître quelques détails sur les caractéristiques de ces poissons. Les plus importantes sont la taille, le nombre de poissons, le type de reproduction, le niveau d'activité, le ratio mâle/femelle et la territorialité.

▲ Dans un aquarium bien pensé, les poissons vivent en harmonie.

La taille des poissons

Bien que les espèces constituées de prédateurs exclusifs soient peu nombreuses, la plupart des poissons saisiront l'opportunité de manger un petit poisson s'il est proche et facile à attraper. Certains poissons saisiront cette opportunité la nuit lorsque la victime n'est pas consciente. En plus du risque encouru, les petits poissons peuvent être stressés par la présence de gros individus et être victimes de la concurrence alimentaire. Vérifiez toujours la taille finale du poisson envisagé, et évitez ceux qui sont deux fois plus gros que votre plus petit spécimen.

Le poisson-chat jaguar est un prédateur de petits poissons.

Le nombre

Certains poissons sont des poissons grégaires, tandis que d'autres préfèrent être seuls. Si les conditions de nombre sont ignorées, leur comportement normal peut changer et ils deviendront imprévisibles. Les poissons de banc introduits en petit nombre deviennent timides, solitaires et en mauvaise santé ou bien ils peuvent devenir agressifs et causer des problèmes. Les poissons naturellement solitaires peuvent soit ignorer ceux de leur espèce, soit devenir territoriaux, avec un dominant agressant sans cesse les plus faibles. Si un poisson est un poisson de banc, il faut l'acclimater en groupe d'au moins six individus. S'il s'agit d'un solitaire, ne gardez qu'un seul individu, sauf si vos recherches prouvent que vous pouvez en élever plusieurs. Il est préférable d'éviter d'avoir des espèces proches ou parentes ensemble dans un bac.

▲ Le fameux labéo à queue rouge *(Epalzeorhyncus bicolor)* doit être élevé seul. Lorsqu'il y en a plusieurs, l'un des individus devient dominant et agressif envers les autres.

Le frai

Le comportement des poissons change lorsqu'un couple décide de se reproduire. C'est souvent le cas avec les membres de la famille des Cichlidés, qui sont généralement de très bons parents et qui défendent avec vigueur les sites de frai, les œufs et les alevins. Vérifiez toujours si vos poissons sont susceptibles de se reproduire dans le futur. Si ce sont des parents agressifs, réservez-leur de la place dans le bac et ne les mélangez qu'avec des poissons robustes qui supporteront bien leur changement d'attitude.

▼ Le mâle cichlidé *Aequidens rivulatus* donne des coups de museau à la femelle pour stimuler la reproduction. Ces poissons défendent leurs œufs avec agressivité.

Les poissons peuvent être lents et tranquilles, ou bien rapides et turbulents. En général, leur comportement découle des conditions de leur habitat naturel. Sachez que dans un aquarium, les poissons lents seront dérangés par les espèces vives et peuvent être concurrencés au moment du nourrissage, ou être blessés par les bousculades des autres poissons. Dans ces circonstances, les poissons lents risquent de devenir stressés et malades, solitaires ou chétifs par manque de nourriture. Les poissons actifs qui ne dépassent pas 5-7 cm peuvent être mélangés avec n'importe quel poisson car ils sont trop petits pour causer du tort ; en revanche, les grands poissons actifs ne devraient être acclimatés qu'avec des espèces au comportement similaire.

▲ Les poissons au comportement similaire font bon ménage.

Le ratio mâle/femelle

Les mâles de nombreuses espèces, même celles considérées comme paisibles et « communautaires », essaieront de devenir le dominant de l'espèce ou du groupe. Cela s'explique par le fait qu'un mâle dominant est plus susceptible d'assurer un bon frai et de transmettre de bons gènes, et devient donc plus attractif auprès des femelles. En plus des problèmes de dominance, certains mâles harcèlent sans cesse les femelles dans le but de se reproduire. Au moment de l'achat, vérifiez si le poisson présente ces caractéristiques et essayez d'obtenir un mélange adapté de mâles et de femelles. Afin d'éviter le harcèlement, ne prenez que des poissons du même sexe ou bien prenez deux femelles pour un mâle. Pour éviter les problèmes de dominance, prenez un seul mâle et plusieurs femelles, ou bien un groupe de plus de quatre mâles, cela sera plus difficile pour les poissons de devenir dominants.

▼ Acclimater un seul mâle xypho (à gauche) avec deux ou trois femelles protège les femelles du harcèlement.

Les cas à part

Bien que l'on puisse prévoir le comportement de la plupart des poissons en se basant sur l'expérience et les observations, il n'est pas rare de rencontrer un poisson « à part », agressif, qui ne correspond pas au comportement habituel de son espèce. Dans ce cas, il est possible de « calmer » le poisson en introduisant des poissons bien choisis, assez grands et robustes pour être menaçants, mais assez paisibles pour ne pas mettre en danger tous les occupants du bac. Les barbus et les poissons arc-en-ciel, pacifiques, peuvent être utilisés dans ce but, et, une fois introduits dans le bac, le poisson agressif se calme. Dans la mesure où il n'y a pas d'autres conflits, il s'avère parfois efficace de simplement augmenter le nombre de poissons dans le bac. Le poisson agressif se retrouve alors à devoir entrer en conflit avec un trop grand nombre de poissons du même type, et, par conséquent, son attitude antisociale s'apaise.

L'introduction d'une espèce pacifique, comme ce poisson arc-en-ciel du lac Tebera *(Melanotaenia herbertaxelrodi)*, peut calmer un poisson agressif.

Le tempérament territorial

Certains poissons sont de nature territoriale et agressive ; les plus agressifs ne doivent pas être considérés comme des poissons communautaires en général, bien que, si l'on fait le bon choix de colocataires, il soit possible de les acclimater avec un groupe bien spécifique. Si vous envisagez d'introduire un poisson naturellement agressif, il serait sage de faire des recherches approfondies et de choisir les occupants avec beaucoup d'attention.

Les gouramis nains mâles sont généralement pacifiques, bien que certains individus soient différents et deviennent agressifs.

Faites une liste

Si vous achetez vos poissons dans un bon magasin spécialisé, les vendeurs expérimentés pourront vous conseiller sur les types de poissons que vous pouvez mélanger. Si vous faites une liste de toutes les espèces de votre aquarium, le vendeur pourra plus facilement vous recommander les espèces adéquates. Cette liste vous aidera aussi dans le cas où vous devrez ramener un poisson qui ne convient pas, alors que le vendeur l'avait conseillé pour votre bac communautaire.

Les paramètres de l'eau

Dans un bac communautaire, il est impossible de donner à chaque espèce la qualité d'eau qu'elle trouve dans la nature. En revanche, il faut vous familiariser avec quelques bases de chimie afin de comprendre les besoins de vos pensionnaires. Suivant le lieu où vous vivez, l'eau du robinet contient des taux différents de minéraux, ce qui la rend acide, neutre ou bien alcaline, et soit dure soit douce.

Les magasins d'aquariophilie proches de chez vous acclimatent les poissons à l'eau locale pour que vous puissiez les introduire chez vous. Cependant, certains poissons ne peuvent être gardés que dans certaines conditions ; dans ce cas, ils sont étiquetés espèces « d'eau douce » ou « d'eau dure ». Afin d'acclimater ces poissons spécifiques, vous aurez besoin des conseils de votre magasin.

Le pH

La valeur du pH indique si l'eau est acide, neutre ou alcaline (= basique). L'échelle s'étend de 0 à 14, 0 étant très acide et 14 étant très alcalin. Un pH de 7 représente la neutralité. L'échelle de pH est logarithmique : chaque variation unitaire est une variation multipliée par dix. Par conséquent, le pH 6 est dix fois plus acide que le pH 7 et cent fois plus acide que le pH 8.

Cychlidé azur *(Scianochromis ahli)* du lac Malawi.

▲▶ Les environnements naturels des poissons d'aquarium peuvent être très différents selon le pH de leur eau. Par exemple, les Cichlidés du lac Malawi (ci-dessus) vivent dans une eau dure et très alcaline (pH 8-8,5), tandis que les discus (ci-dessus, à droite) viennent de régions aux eaux douces et acides (pH 6). Bien évidemment, vous ne verrez jamais ces deux types de poissons évoluer dans le même aquarium.

Plan de pour l'aquarium

La dureté de l'eau mesure les sels dissous qu'elle contient, pour la plupart des carbonates et des sulfates de calcium et de magnésium. Une eau avec un taux de sels élevé est considérée comme dure, tandis qu'une eau avec un taux bas est considérée comme douce. Dans la plupart des environnements naturels, le pH et la dureté sont liés : une eau à pH bas est douce et une eau à pH élevé est dure.

Les discus vivent dans le fleuve Amazone.

L'eau du robinet est traitée pour la consommation humaine. Les produits chimiques que l'on ajoute la rendent potable pour nous mais dangereuse pour les poissons d'aquarium. Traitez-la avec un conditionneur d'eau avant de l'utiliser.

Garder une eau propre

Les poissons excrètent des déchets dans le bac, qui ont pour conséquence une production d'ammoniaque et de nitrites, les deux étant toxiques pour les poissons. Le filtre élimine l'ammoniaque ainsi que les nitrites et crée un biotope pour les bactéries qui vont se développer et se « nourrir » de ces toxines, mais cela peut prendre du temps. Les bactéries qui s'installent dans le filtre se multiplient au fur et à mesure que le niveau de déchets augmente dans l'aquarium. C'est pourquoi vous devez attendre que le taux de déchets augmente lentement et régulièrement ; pour y arriver, peuplez votre bac petit à petit et ne nourrissez pas trop vos poissons.

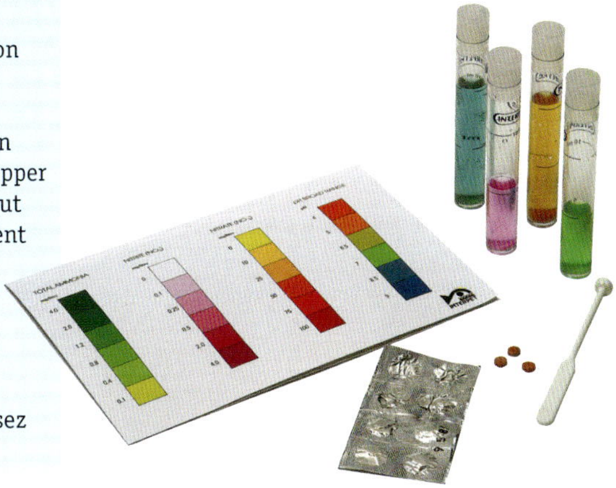

▲ La seule façon de surveiller les taux d'ammoniaque et de nitrites est de tester l'eau du bac régulièrement. Au démarrage d'un nouveau bac, testez l'ammoniaque et les nitrites au moins deux fois par semaine pendant les premières semaines. Réduisez l'apport de nourriture si l'un de ces polluants est présent.

Lorsque les températures sont élevées, le niveau d'oxygène descend. Pendant l'été, les poissons apprécieront une aération accrue dans l'aquarium.

La température de l'eau

Les fluctuations de température de l'eau peuvent être très dommageables à la vie de l'aquarium. La plupart des poissons tropicaux peuvent être élevés dans une eau à 24-26 °C, mais vérifiez toujours les besoins du poisson que vous achetez. Lors des changements partiels d'eau, assurez-vous que la nouvelle eau soit à la température du bac (à quelques degrés près) ou bien introduisez-la lentement en plusieurs fois. Les variations de température peuvent non seulement provoquer un choc aux poissons, mais aussi tuer les bactéries du filtre, avec pour conséquence une augmentation des polluants.

▶ Le molly-voile *(Poecilia velifera)* et le black-molly *(P. sphenops)* proviennent à la fois d'eaux douces et d'eaux saumâtres ; pourtant, la plupart des spécimens élevés en aquarium tirent bénéfice d'une eau saumâtre. Ajoutez un peu de sel d'aquarium dans l'eau du bac pour les aider à conserver leur santé et leur coloration.

L'aménagement du bac

Pour vous aider à planifier l'aménagement de votre aquarium, il est très utile de dessiner des croquis vus de dessus et vus de devant (en coupe). Pensez aux besoins des poissons dès cette étape : aimeront-ils cette grotte, une zone de plantation dense, des plantes flottantes ou des cachettes ? Si vous voulez encourager la reproduction des poissons, pensez au décor qui pourrait créer un bon site de frai. Les *Anabantoidei*, comme les gouramis, ont besoin de petites plantes flottantes, d'espèces aux feuilles fines comme les *Cabomba* et d'une surface calme sur laquelle ils construisent leur nid de bulles. Les Cichlidés nains, comme les kribensis, apprécient les grottes ou les petites pierres plates et des territoires bien délimités.

▲ Il est utile de faire un croquis de votre aménagement avant de démarrer l'installation. N'oubliez pas de penser aux besoins des poissons, en même temps qu'à la forme et à l'apparence.

◀ Dans la nature, le substrat est rarement uniforme et plat, mais plutôt ondulé et jonché de pierres, de morceaux de bois et de débris organiques. Dans un aquarium, étaler des morceaux de roche, des galets et des bouts de bois sur le substrat donne un air plus naturel.

Les pierres de l'aquarium

Votre choix de pierres doit refléter le style de l'aquarium que vous créez et doit convenir aux poissons que vous voulez introduire.
Par exemple, de grands morceaux irréguliers d'ardoise sont idéaux pour créer un agencement du type « ruisseau de montagne » abritant des poissons qui aiment l'eau vive, comme les danios zébrés et les tanichthys. Si vous installez un bac pour des Cichlidés du Malawi, choisissez des rochers et des galets ronds et lisses. Si vous préférez un matériau plus léger, les pierres de lave et de tufa sont faciles à empiler pour créer des édifices rocheux.

▲ Les pierres de lave sont très légères et idéales pour la construction d'amas rocheux. Choisissez vos pierres et collez-les entre elles avec une colle à la silicone pour aquarium.

Placer le décor

Pour créer un environnement varié pour vos poissons, il faut beaucoup de cachettes et des zones de couverture, ainsi qu'un espace de nage suffisant. Le décor et/ou les plantations denses le long des bords et au fond de l'aménagement fournissent non seulement des refuges, mais cachent aussi le matériel tout en laissant un espace central pour la nage.

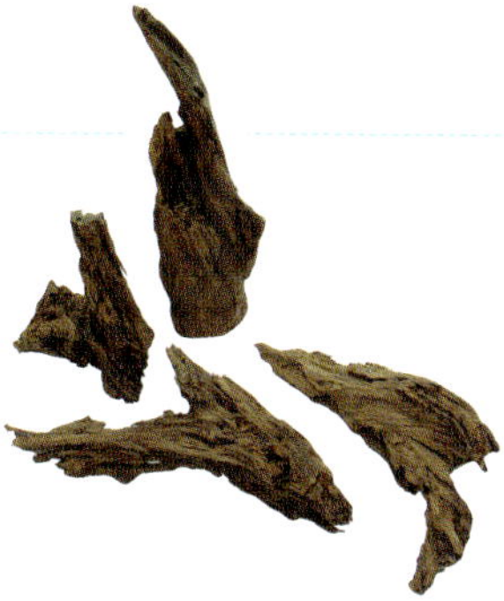

◀ Les bouts de bois flotté ajoutent de la structure et créent des divisions entre les zones de plantation.

▲ Pellia *(Monosolenium tenerum)* est une plante à petites feuilles ressemblant à une fougère ; elle est vendue fixée à des pierres. Les poissons adorent fouiller dans le feuillage de cette plante de premier plan.

▲ *C. walkeri* est une plante pour le milieu du bac couramment commercialisée. Elle rend beaucoup mieux une fois qu'elle s'est étalée, créant une touffe dense. Ici, elle contraste bien avec le bambou.

▶ Les plantes de surface, comme *Salvinia natans*, apportent de l'ombre et une couverture aux poissons.

Assortir les plantes

Toutes les espèces de plantes ont leur « place » dans l'aquarium. Les plantes hautes et celles à grandes feuilles vont bien dans le fond, tandis que les plantes plus petites conviennent au milieu du décor, et les plantes basses au premier plan. Cependant, il n'y a pas de règles prédéfinissant une plante comme étant de premier plan ou d'arrière-plan, et c'est souvent mieux de mélanger un peu les zones. Au lieu d'utiliser de nombreuses espèces, on obtient un meilleur résultat en plantant un nombre limité d'espèces mais en groupes plus importants.

▶ Les grandes espèces d'*Echinodorus* sont idéales pour l'arrière-plan des grands bacs. Si on leur donne un substrat riche, des engrais ferreux et un bon éclairage, ces plantes sont faciles d'entretien.

L'installation de l'aquarium

Pour cet exemple d'installation, nous avons choisi un aquarium de taille standard mesurant 60 x 30 x 38 cm de haut. Bien que relativement petite, cette taille d'aquarium contient suffisamment d'eau pour éviter les variations rapides des paramètres de l'eau, telles que la température et le pH, qui stressent les poissons. De manière générale, il est rentable d'acheter le plus grand aquarium que l'on peut se permettre financièrement et que l'on peut loger chez soi. Non seulement cela permet d'introduire plus de poissons, mais plus il y a d'eau, plus l'environnement est stable.

Le choix de l'emplacement

Un coin tranquille dans un renfoncement est un bon emplacement.

Évitez de placer le bac dans l'entrée où le passage et les courants d'air dérangeront les poissons.

Ceci est un bon emplacement dans la mesure où l'on a accès au bac pour l'entretien.

Un bac près d'une porte subira les bruits et les vibrations.

Un coin sombre p
être mis en valeu
un joli aquarium.

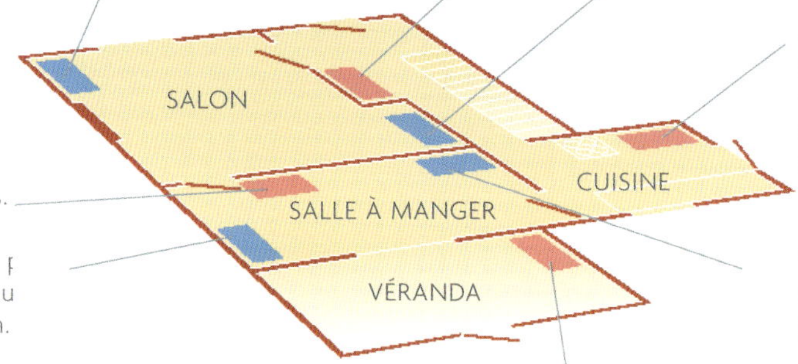

e mettez pas le bac
lans la cuisine, les
apeurs et fumées
ourraient affecter
es poissons.

'aquarium
uffisamment
gné de la porte.

Dans une véranda très éclairée, l'aquarium pourrait surchauffer.

Le bac et le support

Le couvercle fait partie de cet ensemble à monter soi-même et renferme un plateau de condensation et une étagère pour l'éclairage.

Le placard dissimule le filtre externe et les câbles.

◀ Le bac doit reposer sur un support ou un meuble solide. Un meuble existant peut ne pas supporter le poids d'un bac plein d'eau.

Le bac en verre repose sur une couche de polystyrène qui aplanit les imperfections du support.

Placez le meuble de façon à ce que le poids repose sur les lambourdes et non sur les lattes de plancher.

L'achat du bac

Il y a une grande différence entre les bacs complets avec filtration, chauffage et éclairage incorporés, et les bacs vendus en promotion avec un équipement auxiliaire entassé à l'intérieur. Si ces équipements sont ce que vous auriez choisi de toute façon, c'est un bon achat ; sinon, il vaut mieux acheter un bac seul puis les accessoires à part.

▶ Nettoyez le bac avec un chiffon non pelucheux et de l'eau. N'utilisez jamais de détergents qui sont mortels pour les poissons.

La vérification de l'horizontalité

Le moindre décalage dans l'horizontalité se verra lorsque vous remplirez le bac d'eau.

▲ Assurez-vous que le bac et le sous-meuble ou support soient bien plans en tout sens à l'aide d'un grand niveau à bulle que vous testerez sur tous les bords. Si nécessaire, posez le niveau sur une latte de bois droite. Réajustez le sous-meuble ou le support, mais jamais le bac.

Les bacs d'occasion ne sont pas chers mais représentent des risques. Ils viennent souvent avec du matériel et des poissons que vous ne voulez pas et vous n'avez aucune garantie contre les fuites ni sur la qualité du matériel.

▲ Choisissez un fond qui convient au style de votre bac. Bien souvent, un fond uni noir ou bleu est plus efficace.

▲ Fixer un fond sur l'extérieur de la vitre arrière sert à deux choses : cela crée une illusion de profondeur et cache le papier peint situé derrière. Collez le fond avant d'installer le bac dans sa position finale puis remplissez d'eau.

Le sable et le gravier naturels sont disponibles en plusieurs tailles. Les meilleurs ont des grains arrondis et ne comportent pas de calcaire. Certains poissons aiment s'enfouir dans le substrat et d'autres se nourrissent en le filtrant. Dans ce cas, le sable de rivière ou du gravier fin ou moyen conviennent. Le gros gravier convient aux espèces plus grandes, mais les débris et les aliments peuvent se coincer entre les cailloux. Mélangez différents substrats pour un résultat plus naturel.

La taille du chauffage

Comptez 50 watts pour 27 litres d'eau. Dans les grands aquariums, répartissez la puissance totale entre deux résistances plus petites. Cela donnera un chauffage plus homogène et cela évitera une baisse rapide de température si une résistance tombe en panne.

▶ Les filtres internes conviennent aux petits bacs. L'eau sale entre dans le filtre, passe au travers de matières filtrantes et retourne dans l'aquarium. Ne faites jamais fonctionner la pompe du filtre dans un bac vide.

◀ Lavez bien le gravier avant de l'utiliser, rincez jusqu'à ce que l'eau soit claire.

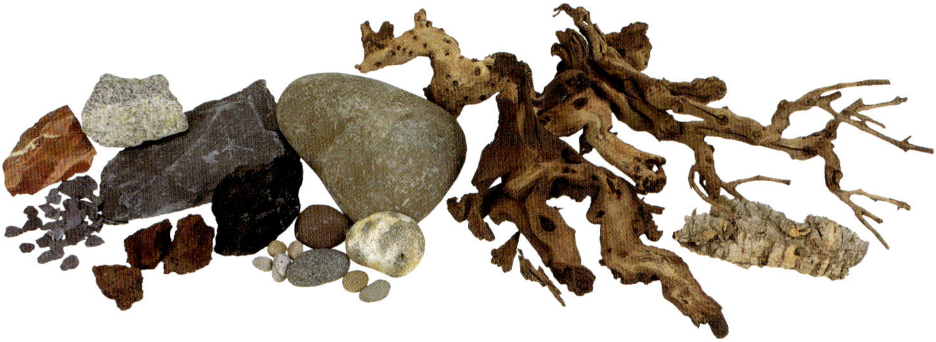

▲ Achetez vos cailloux et morceaux de bois dans les magasins d'aquariophilie uniquement. Certains cailloux peuvent contenir des métaux et des substances qui altèrent les paramètres de l'eau ; le bois inadéquat pourrit tout en polluant l'aquarium.

▼ Avec un pichet, versez l'eau doucement sur une surface plate. Une fois le niveau assez haut, versez avec le seau. Ne remplissez pas le bac jusqu'en haut, car il déborderait à la mise en place des plantes. Mettez le filtre en route.

Vous pouvez mettre le bois devant le chauffage mais ne le faites pas reposer dessus.

Ajoutez les grosses pierres avec précaution, enfoncez-les dans le substrat jusqu'à ce qu'elles reposent sur le verre.

◄ Frottez le bois flotté et faites-le tremper pendant plusieurs jours pour éliminer le tanin qui tache l'eau.

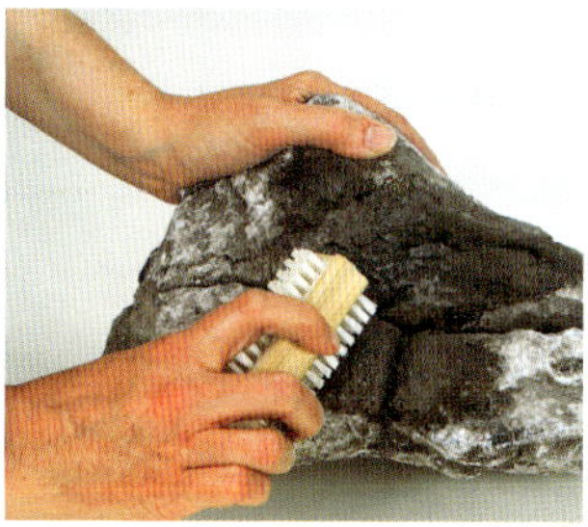

◄ Brossez et lavez les pierres pour enlever la poussière et les végétaux qui pourraient souiller l'eau.

Laissez reposer le bac pendant environ 24 heures avant d'ajouter les plantes. Passé ce temps, le système de filtration doit avoir rendu l'eau claire. Triez les plantes par taille, type de feuillage et couleur, et installez les grandes dans le fond de l'aquarium et les moyennes et les basses au centre et devant l'aquarium. Plantez les végétaux un par un en laissant assez de place entre elles pour que la lumière atteigne le substrat. Formez des rangs décalés de façon à ce que l'ensemble ressemble à un mur de plantes vu de devant. Laissez un espace de nage pour les poissons. Éteignez tous les appareils électriques avant de commencer à travailler.

◀ Retirez l'attache métallique de la touffe de cabombas et séparez chaque pied.

◀ Avec des ciseaux bien aiguisés, coupez les tiges abîmées juste sous une feuille.

▶ Tenez la vallisnérie près du pied. Avec un doigt de la même main, faites un trou dans le substrat et glissez-y la plante doucement.

Le feuillage plumeux de la cabomba adoucit les angles du bois.

Commencez vos plantations dans le fond du bac pour finir par l'avant. Espacez les plantes, seules leurs feuilles doivent se toucher.

Les feuilles de la vallisnérie dissimulent le filtre et ondulent lentement.

Continuez vos plantations. Des *Ludwigia* et *Bacopa* pourraient combler cet espace.

▶ Retirez l'amazone de son panier et dégagez doucement les racines.

◀ Plantez chaque pied de cryptocoryne en les espaçant suffisamment pour qu'ils se développent.

Le couvercle

Sous le couvercle se situe l'éclairage qui est indispensable au développement des plantes et qui vous permet de voir vos poissons. Il existe plusieurs types de couvercles, donc avant de démarrer l'assemblage, lisez bien les instructions et préparez vos outils.

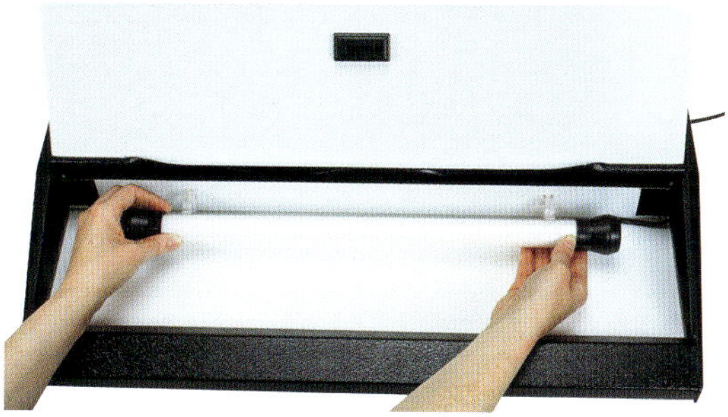

▲ Placez la galerie d'éclairage dans le coffrage du couvercle. Connectez les tubes aux embouts et fixez-les dans les clips.

◀ Pour un éclairage équilibré, choisissez des tubes avec les trois spectres de bleu, rouge et jaune, c'est-à-dire des tubes triphosphores à spectre complet. Un tube « rose » favorisera le développement des plantes

Installez un minuteur pour l'éclairage et laissez allumé pendant 12-14 heures par jour.

Le couvercle doit laisser accès au bac pour le nourrissage.

Vérifiez le chauffage, le filtre et les autres appareils tous les jours pour vous assurer qu'ils fonctionnent correctement.

Contrôlez la température chaque jour.

Taillez les plantes régulièrement et replantez les boutures.

L'aquarium fini prendra au moins 5 semaines à s'équilibrer. Un produit de démarrage pour le filtre accélère le processus.

Prenez le temps de regarder votre aquarium et changez légèrement de point de vue chaque jour.

Choisir et introduire ses poissons

C'est la surface du bac qui détermine le nombre de poissons que vous pouvez y mettre. Pour les espèces tropicales d'eau douce, vous avez besoin de 75 cm^2 de surface pour 25 cm de poisson (longueur du corps). Un bac mesurant 60 x 30 cm a une surface de 180 cm^2 et peut contenir 60 cm de poissons tropicaux d'eau douce. Anticipez la croissance des poissons lorsque vous les choisissez.

▲ Ce bac de 60 x 30 cm contient quatre poissons, chacun mesurant 15 cm de long, ce qui, additionné, donne 60 cm, la capacité maximale de peuplement.

▲ Ce bac de 60 x 30 cm contient douze poissons, chacun mesurant 5 cm de long, ce qui, additionné, donne 60 cm, la capacité maximale de peuplement.

◄ Demandez toujours conseil auprès d'un spécialiste en aquariophilie. Faites la liste de tous les poissons que vous aimez, puis regardez ceux qui peuvent vivre ensemble et ceux qui posent problème, jusqu'à ce que vous ayez une liste cohérente. Cela évitera des déceptions si vous voulez introduire un poisson ultérieurement qui ne convient pas avec le reste des habitants de l'aquarium.

L'achat du poisson

Les bacs du magasin doivent être propres et clairement étiquetés avec des informations sur le poisson vendu, dont le prix et la taille potentielle. Certains revendeurs donnent aussi des informations sur la nourriture et les besoins spécifiques, ainsi que sur la compatibilité. N'achetez jamais un poisson apparemment en bonne santé mais provenant d'un bac contenant des individus morts ou malades.

Choisir un poisson en bonne santé

Vérifiez que le poisson est actif et se comporte normalement. Les poissons de banc doivent nager avec leurs nageoires déployées, tandis que les poissons de fond fouillent le substrat à la recherche de nourriture. Évitez d'acheter des poissons aux nageoires déchirées, aux barbillons abîmés, au ventre blessé ou aux yeux creux.

Ne soyez pas surpris si vous voyez des bacs de quarantaine dans votre animalerie ou une pancarte mentionnant « Nouveaux poissons, pas encore à vendre ». Cela signifie que votre magasin s'occupe bien de ses animaux.

◄ Le vendeur met le poisson dans un sac en plastique avec de l'eau et beaucoup d'air. Puis, il place le sac dans un autre sac opaque : le trajet est ainsi beaucoup moins stressant pour le poisson.

▲ Au retour si le trajet a été court, mettez le sac toujours fermé à flotter dans l'aquarium pendant environ 20 minutes pour que l'eau se mette à température.

▲ Si le trajet a été long (plus de 30 minutes), ouvrez le sac et rabaissez les bords pour donner de l'air à votre poisson.

▲ Lâchez le poisson dans le bac doucement en penchant le sac de côté pour encourager le poisson à sortir.

L'alimentation des poissons

Avec toutes les variétés d'aliments disponibles sur le marché, il n'est pas difficile de donner un régime sain et équilibré à ses poissons. Prenez les habitudes alimentaires de vos poissons en compte – se nourrissent-ils à la surface ou au fond du bac ? – ainsi que leur taille. Si vos pensionnaires sont de tailles très différentes, découpez les aliments en bâtonnets ou granulés en fonction de la taille de la bouche des poissons les plus petits. Les aliments en gros morceaux ne ramolliront pas suffisamment pour permettre aux petits poissons de manger leur part. Les bâtonnets sont faciles à casser en petits bouts mangeables et les granulés existent dans toutes les tailles, des petits au gros.

Les aliments secs

Les compléments alimentaires dans les aliments avivent la coloration des poissons tropicaux.

Les flocons sont un aliment de base pour la plupart des poissons. Donnez-en avec parcimonie.

Les bâtonnets sont pratiques pour nourrir les grands barbus.

Les granulés sont adaptés à tous les niveaux du bac : certains flottent, d'autres coulent.

Les aliments congelés

On trouve dans les aliments congelés et pasteurisés des plaquettes d'assortiments contenant, par exemple, des vers de vase, des daphnies et des larves de moustique. Achetez cet assortiment et notez quelle variété votre poisson préfère. Ensuite, vous achèterez sa nourriture préférée en plaquette d'une seule variété.

Faites décongeler les cubes avant de les donner aux poissons.

Le nourrissage

Nourrissez vos poissons une fois par jour. Un poisson qui a faim (mais qui n'est pas affamé) est un poisson en bonne santé. Avec les aliments secs et congelés, ne donnez que ce que les poissons mangent en quelques minutes et assurez-vous qu'ils mangent tout pour ne pas polluer l'aquarium. Les végétaux peuvent rester jusqu'au prochain repas car les herbivores les picorent. Les poissons aiment les régimes variés : donnez-leur des aliments secs, congelés et vivants.

Les poissons adorent les aliments vivants, comme les vers de vase, les daphnies et les artémias. Les vers de terre ramassés dans un jardin ou une pelouse biologiques sont tout aussi irrésistibles. Les vers rouges achetés dans les magasins de pêche sont une bonne alternative.

Les légumes verts

Les poissons herbivores comme les plécos apprécient les légumes verts frais. Les feuilles de laitue blanchies, les petits pois frais (pincés pour enlever la peau) et les tranches de courgettes ou de concombres crus conviennent bien. Certains magasins vendent des pinces à salade non-toxiques. Retirez la nourriture restante avant qu'elle ne pourrisse.

Des goûts variés

Bien que certains poissons tropicaux soient classés comme herbivores et d'autres comme carnivores, tous, sauf les prédateurs exclusifs, ont un régime mixte dans la nature. Le silure bleu, par exemple, est algivore et mange aussi les petits animaux logés dans la verdure ; les vivipares se nourrissent d'insectes mais aussi de matières végétales molles.

Si tous les aliments restent à la surface, le repas ne profitera qu'aux poissons de surface aux dépens des autres espèces.

La bouche orientée vers le haut des mollys facilite la prise des aliments à la surface.

Lorsque vous donnez des flocons à une communauté de poissons faite de poissons de surface, de fond et de zone intermédiaire, maintenez une pincée sous l'eau pendant quelques secondes avant de la relâcher. Certains flocons vont couler permettant ainsi à tous les poissons d'avoir leur part de nourriture. Ces danios zébrés nagent dans toutes les parties de l'aquarium.

L'entretien de l'aquarium

Si vous voulez des poissons et des plantes en bonne santé et un joli bac, l'entretien régulier est essentiel. La plupart des tâches ne prennent que quelques minutes et devraient être considérées comme un plaisir, et non une corvée. Il est impossible de donner un planning précis, car les besoins d'un bac varient selon le peuplement, les espèces et le type de filtration.

Commencez par établir un planning d'entretien quotidien, hebdomadaire ou bihebdomadaire, mensuel et des tâches occasionnelles. À l'aide d'un registre d'aquarium, vous devriez vite pouvoir adapter ces tâches à votre installation. Si quelque chose ne va pas, seule une des parties de votre planning sera modifiée.

Tâches essentielles

Quotidiennement
- Retirer les aliments non mangés
- Vérifier la santé des poissons
- Vérifier la température de l'eau
- Vérifier si le filtre, l'éclairage, les pompes à air, etc., fonctionnent bien

Toutes les semaines/les deux semaines
- Effectuer un changement d'eau partiel de 20-25 %
- Tester le pH, l'ammoniaque, les nitrites et les nitrates
- Retirer les plantes mortes ; nettoyer le substrat avec un nettoyeur à gravier
- Nettoyer les algues sur la vitre avant
- Nettoyer le couvercle/le plateau de condensation

Tous les mois/si nécessaire
- Nettoyer le filtre et remplacer les masses filtrantes jetables si nécessaire

Tous les 6-12 mois
- Faire la révision de la pompe à air et des moteurs de filtre
- Remplacer les tubes lumineux
- Remplacer les pierres à air et les tuyaux à air
- Brosser les cailloux/bois flottés et les plantes artificielles pour éliminer les algues

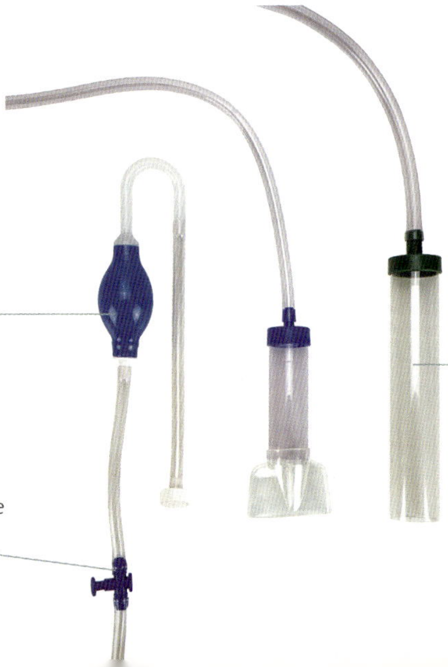

◄ Il existe plusieurs sortes de nettoyeurs à gravier, mais ils fonctionnent tous sur le même principe d'aspiration. Ils enlèvent les débris légers et laissent le substrat relativement intact.

Il faut presser cette poire pour siphonner l'eau.

Certains nettoyeurs sont équipés de robinet pour arrêter ou reprendre le siphonnage.

On trouve des nettoyeurs à gravier de différentes tailles adaptés aux dimensions des bacs.

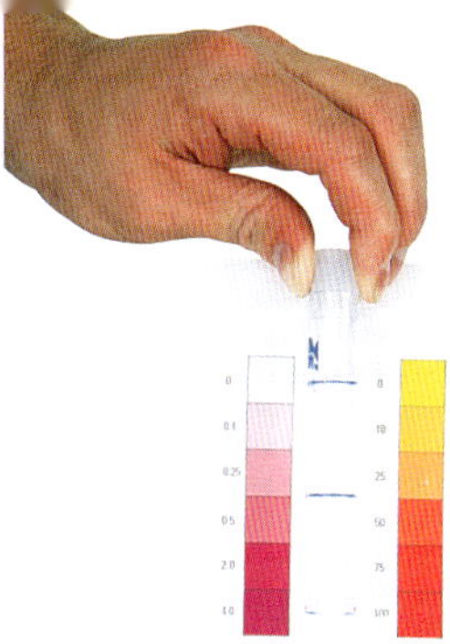

Les kits de tests pour l'eau sont faciles à utiliser si l'on suit les instructions du fabricant. Ce test de nitrite n'a produit aucune couleur, ce qui indique un taux de nitrite de zéro. Pendant les deux premières semaines d'un nouvel aquarium, vous connaîtrez sans doute des taux de nitrites légèrement élevés. Si les résultats des tests continuent à donner un taux supérieur à 0,1 mg/litre après cette période, c'est peut-être que vous nourrissez trop vos poissons, que vous avez trop peuplé votre bac ou que le filtre ne fonctionne pas correctement.

Le nettoyage du filtre externe

1 Mettez les robinets sur la position « arrêt » et défaites les écrous en plastique qui fixent les robinets au corps du filtre. Placez le filtre dans une cuvette et retournez-le pour laisser couler l'eau.

2 Retirez le moteur du cylindre. Retirez le ventilateur et nettoyez la vase et les débris, frottez toutes les parties en plastique avec un chiffon humide. Retirez le panier interne.

3 Enlevez les masses filtrantes du panier interne. Jetez la mousse et le charbon actif périmés (si utilisés). Lavez délicatement l'éponge ou la céramique. Remettez du charbon, puis de la mousse. Remontez les pièces, connectez le filtre aux robinets et mettez-les sur position « marche ». L'eau devrait couler dans le cylindre. Sinon, amorcez comme indiqué sur votre manuel.

L'aimant de nettoyage pour aquarium facilite le nettoyage de l'intérieur du bac.

Taillez les plantes trop hautes ou touffues si nécessaire et remettez de l'engrais.

La reproduction

Dans la plupart des aquariums, les poissons se reproduisent à intervalles réguliers. Le plus difficile est d'empêcher les autres poissons de manger les œufs ou les alevins et de pouvoir élever les jeunes poissons. Les poissons ont des stratégies de reproduction très variées, dont certaines sont très spécifiques. On peut différencier les poissons entre les pondeurs en eau libre et les pondeurs sur substrat, les bâtisseurs de nids de bulles et ceux qui donnent naissance à des alevins (ovovivipares). Les Cichlidés s'occupent de leurs petits et ont des besoins bien spécifiques dans l'aquarium. Pour une reproduction réussie, il faut installer un bac séparé pour le frai et l'élevage des alevins.

Bac de reproduction pour pondeurs en eau libre

Le barbus cerise (*Puntius* ou *Barbus titteya*), tout comme beaucoup d'autres barbus, tétras et autres Cyprinidés, est un poisson ovipare (il pond des œufs). Conditionnez les adultes pendant quinze jours puis placez une femelle dodue et un mâle vivement coloré dans un bac de reproduction, de préférence tard le soir. La reproduction peut prendre plusieurs heures et les œufs sont déposés dans le feuillage des plantes. Retirer les parents donnera aux œufs une chance de survie avant leur éclosion qui a lieu un jour plus tard. Nourrissez les alevins avec des aliments liquides pour frai pendant une semaine, puis avec des nauplies d'artémias, des microvers et de la nourriture spéciale en poudre. Vérifiez régulièrement que les jeunes poissons n'ont pas la maladie du velours.

◀ Les alevins des barbus cerise mâles et femelles arborent une livrée rose pâle. À l'âge adulte, le patron de coloration des mâles devient écarlate.

Pour la reproduction de tout poisson, ne choisissez que les plus robustes avec des nageoires parfaites. Évitez les poissons avec des déformations, comme une colonne vertébrale déformée qui peut être génétique.

Bac de reproduction pour pondeurs sur substrat découvert

Pour reproduire l'arlequin *(Trigonostigma heteromorpha)*, placez un mâle mature bien conditionné avec une femelle dodue plus jeune dans le bac tard le soir. Pendant le frai, le couple se tourne tête en bas et dépose les œufs en petits tas sous une feuille choisie. Bien que les parents ne soient pas des mangeurs d'œufs, retirez-les de l'aquarium aussi tôt que possible. Les œufs éclosent le jour suivant et la nage libre a lieu trois jours après. Pendant une semaine, donnez-leur des infusoires ou de la nourriture liquide pour frai, puis des artémias. Leur développement est rapide.

Bac de reproduction pour bâtisseurs de nids de bulles

Le mâle combattant construit un nid de bulles à la surface, fixé aux parois du bac ou sous un morceau de polystyrène. Retirez la femelle après la reproduction. Le mâle récupère les œufs, les place dans le nid et les surveille jusqu'à la nage libre. Retirez le mâle à ce stade. Nourrissez les alevins d'abord avec des infusoires.

Combattant mâle.

Combattant femelle.

Les espèces élevées de platys, mollys, guppys et porte-épée disponibles dans le commerce sont prolifiques mais, parce que ce sont toutes des espèces hybrides, maintenir ou créer une race de bonne qualité présente des difficultés. Cependant, il est tout à fait possible de conserver quelques jeunes et de les élever. Chez les mâles matures, la nageoire anale est modifiée et forme une sorte de tige appelée gonopode, qui sert à transférer le sperme à la femelle. Lorsque la femelle montre des signes de gestation, déplacez-la dans le bac d'élevage jusqu'à ce que le frai naisse. Puis enlevez-la. La gestation dure 28 jours et la femelle donne naissance à des jeunes entièrement formés.

Bac pour ovovivipares

▲ Chez le mâle platy (à droite), la nageoire anale s'est modifiée en organe interne de fécondation appelé le gonopode.

▲ Pour faire un entonnoir pour les poissons ovovivipares, fixez à la silicone deux vitres à la verticale de chaque côté du bac, en laissant un espace assez grand pour que le frai passe mais pas les parents. Mettez des plantes du côté des jeunes poissons et laissez les parents dans l'espace « vide ». Le frai nouveau-né nage à la surface et cherche un abri le long des bords ; il finit par trouver l'espace entre les vitres et nage vers les plantes situées de l'autre côté.

Si vous vous lancez sérieusement dans la reproduction, renseignez-vous le plus possible sur les besoins spécifiques de vos poissons et de leur frai. Certains poissons ont besoin que les paramètres de l'eau soient équivalents à ceux de leur habitat naturel. Certains frais nécessitent une culture de nourriture vivante.

La fabrication d'un pondoir

Le pondoir est un filet à travers lequel les œufs ou les poissons nouveau-nés passent ; ils sont ainsi à l'abri de la prédation de leurs parents ou des autres poissons. Vous pouvez faire le vôtre à l'aide d'un filet en plastique, avec des mailles assez larges pour que les œufs ou le frai passent au travers, mais pas les poissons adultes. Créez une forme de panier un peu plus petit que le bac de reproduction et suspendez-le dans le bac avec des crochets. Le haut du panier doit dépasser d'au moins 2,5 cm de la surface de l'eau. Le panier et les parents seront retirés après la reproduction : les œufs ou le frai pourront ainsi se développer tranquillement.

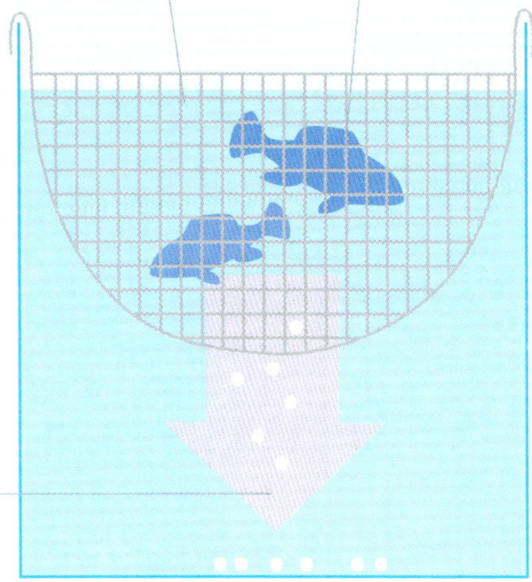

Bac de reproduction pour pulchers

Le pulcher ou kribensis *(Pelvicachromis pulcher)* est un Cichlidé qui se reproduit dans des grottes ou abris (pondeur sur substrat caché). La femelle d'un couple formé choisit une grotte pour la reproduction et attire son mâle à l'intérieur. Ils se reproduisent en général sur le toit, les œufs mettent 3 jours à éclore, la nage libre a lieu au septième jour. Nourrissez d'abord le frai avec des artémias et des microvers. Les adultes élèveront leur progéniture sans problème pendant des mois. Retirez les alevins lorsque les parents les repoussent du lieu de nidification et se préparent à frayer à nouveau.

▼ Les femelles pulchers ont un corps plus épais que les mâles.

Soigner les poissons

Dans des conditions normales, le système immunitaire des poissons empêche les maladies de se déclarer, mais certains problèmes surviennent lorsque les poissons sont stressés, blessés ou lorsque les taux d'organismes pathologiques grimpent dangereusement. Pour éviter que des maladies ne se déclarent, il faut ne pas surpeupler le bac, mettre les nouveaux arrivants en quarantaine, contrôler les paramètres de l'eau et bien entretenir l'aquarium.

La quarantaine

Lorsque vous achetez votre deuxième poisson et les suivants, même dans un magasin fiable, il est plus sûr de les mettre en quarantaine dans un bac séparé avant de les introduire dans le bac d'ensemble. S'ils ont besoin de médicaments, le traitement sera plus facile à effectuer dans un bac de quarantaine, et il leur permet de se reposer et de s'acclimater aux paramètres de votre eau. L'idéal est de les maintenir isolés pendant 4 semaines, mais surtout pas moins d'une.

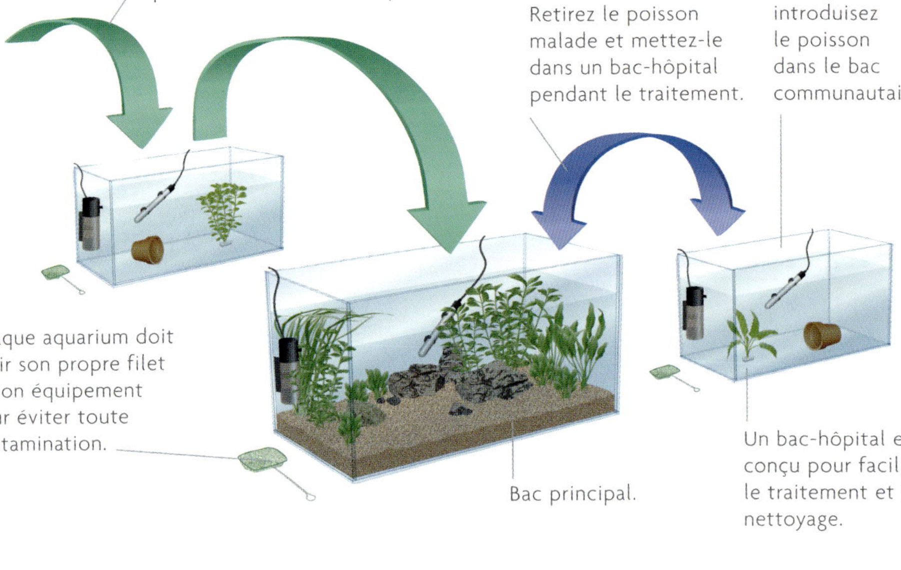

▲ Équipez votre bac de quarantaine d'un simple filtre interne à éponge, une résistance, un peu de décor et une mince couche de gravier. Vérifiez les paramètres de l'eau régulièrement. Le pH doit être équivalent à celui du bac principal sauf si le poisson vient d'un magasin dont l'eau est différente. Dans ce cas, modifiez graduellement le pH jusqu'à ce qu'il atteigne la valeur du bac principal. Ne soumettez pas le poisson à une variation quotidienne de pH de plus de 0,3. Maintenez l'ammoniaque ainsi que les nitrites à zéro et les nitrates sous 25 ppm.

Autres usages

Si un poisson est malade ou perturbé, transférez-le dans le bac de quarantaine, qui devient un bac hôpital. Vous pouvez également utiliser ce bac pour y mettre temporairement un poisson harcelé ou attaqué. Si des poissons naissent dans l'aquarium principal, transférez-les dans le bac de quarantaine jusqu'à ce qu'ils soient assez grands pour être introduits avec les autres poissons.

▶ Les yeux sont très parlants. Des yeux laiteux indiquent que le poisson n'apprécie pas la qualité de l'eau, tandis que des yeux creux indiquent que le poisson est très malade. Un seul œil gonflé est dû aux coups d'un colocataire, ou à une infection peut-être due aux conditions de l'aquarium. Les yeux exorbités ou gonflés sont l'un des symptômes de l'œdème. Un seul œil aveugle est probablement une malformation.

La quarantaine

Comprendre le cycle de vie est indispensable pour donner le bon traitement.

▶ La maladie des points blancs est très contagieuse. Les traitements chimiques visent le stade de nage libre des parasites et sont très efficaces. Bien que les kystes disparaissent rapidement du poisson hôte, le traitement affecte les parasites en nage libre.

Lors d'un traitement médicamenteux, suivez toujours les instructions du fabricant, et ne donnez jamais deux traitements à la fois.

Il arrive parfois que les symptômes de plusieurs maladies se ressemblent. Ce guide (très général) peut vous aider à diagnostiquer les maladies : les maladies bactériennes sont les plus rapides à se développer ; dans les cas sévères, 24 heures se passent entre les premiers signes et la mort. Ensuite viennent les maladies fongiques, dont les symptômes sont presque toujours des touffes de « coton ». Les maladies parasitaires sont généralement plus lentes, elles se développent et deviennent contagieuses sur plusieurs jours.

Les infections bactériennes

Les symptômes sont le pourrissement des nageoires, de la bouche, des ulcères, les yeux exorbités, des zones injectées de sang et l'abdomen qui gonfle ou qui maigrit. Traitez les infections superficielles avec des médicaments sans ordonnance, les plus sévères avec des antibiotiques. Essayez de trouver la cause : qu'est-ce qui a pu affaiblir la résistance du poisson ?

▲ L'hydropisie est une infection bactérienne.

Les maladies parasitaires

Les symptômes sont une peau terne ou visqueuse, des nageoires resserrées et une respiration rapide ou difficile, surtout chez les ovovivipares. Il y a parfois des tâches pâles sur le corps. Si un remède sans ordonnance contre les parasites ne fonctionne pas, contactez votre vétérinaire. Le stress peut jouer un rôle, il faut donc vérifier les conditions de l'aquarium.

Les infections fongiques

Les spores de champignons sont présentes en permanence dans un environnement aquatique. Les poissons sains y résistent mais les spores pénètrent les tissus endommagés ou même les tissus sains lorsque le système immunitaire est défaillant. Si un poisson est stressé, blessé ou autre, il peut attraper des champignons. Des taches blanches cotonneuses apparaissent alors et doivent être traitées immédiatement avec des médicaments sans ordonnance.

Les problèmes d'agressivité

Les symptômes de l'attaque ou du harcèlement sexuel peuvent ressembler à ceux de certaines maladies : nageoires resserrées ou déchirées (ci-dessous), flancs meurtris, un poisson qui se terre ou qui refuse de se nourrir. Transférez le poisson affecté dans le bac de quarantaine. S'il a l'air mieux sans autre traitement, c'est que vous avez un problème d'agressivité dans l'aquarium.

Garder un substrat propre

Non seulement il faut maintenir une eau de bonne qualité, mais il est aussi important de garder un substrat propre. Il est prouvé que des graviers sales ou ceux envahis de matières organiques en décomposition favorisent la déclaration de maladies bactériennes. Cela concerne les maladies comme la pourriture de la bouche et les types d'infections bactériennes qui affectent la bouche et les barbillons des espèces de poissons-chats (ci-dessous).

◀ Lorsque vous repérez les premiers signes d'une infection, démarrez le traitement aussitôt. Suivant la distance et les horaires d'ouverture de votre magasin d'aquariophilie, il peut être judicieux d'avoir des médicaments de base en stock. Assurez-vous d'avoir un antiparasitaire, un antibactérien et un antifongique sous la main, ainsi qu'un produit anti-chlore pour les changements d'eau urgents.

Le charbon élimine la plupart des substances médicamenteuses de l'eau, il faudra donc l'enlever du filtre pendant le traitement du bac. Ensuite, une fois replacé dans le filtre, le charbon vous aidera à éliminer toute trace de médicament.

▶ Certains médicaments réduisent le taux d'oxygène dans l'eau, tandis que d'autres irritent les branchies des poissons. Certains font les deux. Pour cette raison, pensez toujours à adapter l'aération pendant la durée du traitement. Ajouter une pompe à eau ou une pompe à air pour créer du mouvement à la surface.

Le volume du bac

Vous devez connaître le volume de votre bac quand vous utilisez des médicaments. La longueur x la largeur x la profondeur en centimètres, divisés par 1 000, donne le volume en litres. Le gravier et le décor modifient le volume ; réduisez votre résultat d'environ 10 % en fonction de votre installation pour les prendre en compte.

LES TYPES DE POISSONS

Face à la grande variété de poissons vendus dans les magasins d'aquariophilie, il est souvent difficile de faire un choix. Dans les pages suivantes, vous trouverez une sélection de poissons présentés en catégories qui vous aidera à créer des bacs communautaires (voir pages 80-95). La première catégorie étudiée est les poissons de démarrage, des poissons adaptables et robustes. Ils sont la base de tout aquarium communautaire. Les trois sections suivantes présentent les petits poissons, les poissons de taille moyenne et enfin les grands poissons. Pour élever de grands poissons, il faut réfléchir à la taille de l'aquarium et aux équipements vitaux qui y sont associés.

Dans la nature, les poissons vivent dans différentes zones de leur habitat. Ils sont représentés en aquariophilie par ceux qui vivent près du substrat, ceux qui vivent en banc en pleine eau et ceux qui passent la plupart de leur temps à la surface. Les poissons de ces trois types de zones sont étudiés dans les sections suivantes, immédiatement suivies par un chapitre sur les poissons populaires, un autre sur les poissons actifs et enfin sur les poissons remarquables. La dernière catégorie comprend les poissons particulièrement étonnants et ceux qui ont un mode de vie très spécifique. Une sélection de poissons communautaires termine l'ouvrage, incluant les algivores – toujours très utiles dans un aquarium – et une petite présentation des fameux Cichlidés des lacs de la vallée du Rift, en Afrique de l'Est.

Tous les poissons d'aquarium ont un nom scientifique et un nom commun ou vernaculaire. Parfois, les poissons ont plusieurs noms communs, mais toujours un seul nom scientifique. Lorsque vous achetez des poissons pour la première fois, vous aurez besoin de connaître le vrai nom scientifique pour être sûr de prendre le bon poisson. Lorsque vous ajoutez un poisson à votre aquarium, vous devez savoir les noms scientifiques de vos pensionnaires pour pouvoir vérifier que le nouveau est compatible avec votre communauté de poissons.

Les poissons de démarrage

Un nouvel aquarium a besoin de temps pour s'équilibrer : les bactéries colonisent le filtre et éliminent les matières polluantes, les paramètres de l'eau, comme le pH, se stabilisent et l'aquariophile et ses poissons s'ajustent au régime alimentaire. Les poissons de démarrage sont des espèces naturellement robustes, faciles à vivre, qui s'accommodent bien des variations de conditions et qui sont suffisamment confiantes pour s'installer dans un bac sans habitants. Elles supportent des paramètres d'eau variés et ne nécessitent pas de soins spécifiques. Une fois qu'elles sont bien installées, on peut introduire le prochain groupe de poissons dans cet environnement plus équilibré ; ils seront rassurés par la présence de poissons acclimatés.

◀ Pacifique, le barbus doré *(Puntius semifasciolatus)* s'élève en groupe de cinq à six individus. C'est une espèce active, jaune doré, avec un nombre variable de taches noires. Les barbus dorés aiment vivre au milieu d'une végétation dense.

Autres poissons de démarrage

Beaucoup d'espèces de barbus, de danios et de poissons arc-en-ciel sont robustes et adaptables, dont le platy, le *Danio choprai,* le danio zébré, le barbus rosé et l'arc-en-ciel turquoise. Contrôlez bien les paramètres de l'eau après l'introduction des premiers poissons dans l'aquarium.

▼ Le tétra à losange *(Hyphessobrycon anisitsi)* a tendance à mordre les nageoires mais, si vous évitez de le mettre avec des poissons à longues nageoires, il est idéal pour un bac communautaire. Cette espèce résistante et adaptable n'apprécie pas l'eau à plus de 26 °C et fait un bon colocataire en compagnie d'autres poissons paisibles. Acclimatez ce tétra pacifique en banc de quatre sujets et plus.

▶ Le tanichthys *(Tanichthys albonubes)* est un poisson de banc paisible et actif qui apprécie l'eau fraîche. Élevez-le en groupe d'au moins quatre individus et avec d'autres petits colocataires. quatre sujets et plus.

La femelle tanichthys est plus dodue que le mâle, son patron de coloration est moins vif.

▶ Le poisson-paradis *(Macropodus opercularis)*, extrêmement résistant et coloré, est facile à maintenir dans un bac communautaire avec des espèces de même taille et tout aussi robustes. Les mâles étant assez bagarreurs et agressifs envers les femelles, ne prenez qu'un couple et évitez de mettre plusieurs mâles ensemble.

▼ Le nageoire rouge *(Aphyocharax anisitsi)* est un poisson robuste qui préfère nager en haut de l'aquarium ; il faut donc lui donner un abri fait de plantes hautes ou flottantes. Les nageoires rouge vif qui lui ont donné son nom seront d'autant plus belles lorsque le poisson sera bien acclimaté.

Ce jeune poisson n'a pas encore développé tout son patron de coloration.

Les petits poissons pacifiques

Bien que les grands bacs contenant de grands poissons soient impressionnants, les joies de l'aquariophilie sont dans l'observation et, de ce point de vue, les petites espèces sont tout aussi intéressantes. De nombreux petits poissons arborent des formes et des marques complexes et leur personnalité sont tout à fait adaptées à la vie en captivité. Les petits poissons sont aussi plus pacifiques car leur taille réduit les chances d'agressivité ; pourtant, quelques bagarres occasionnelles peuvent survenir.

◀ Très inoffensif et calme, le gourami grogneur *(Trichopsis vittata)* existe en grand nombre dans le Sud-Est asiatique, avec des livrées très différentes. Il est résistant, facile à élever et à reproduire, le frai est simple à élever. Les mâles et les femelles mesurent 7 cm.

Poisson « parlant »

Le gourami grogneur émet un son très audible en battant rapidement ses nageoires pectorales, ce qui entraîne une vibration des muscles tandis que l'organe labyrinthe fait chambre d'écho. On les élève par couple ou en banc ; lorsqu'il y a plusieurs mâles, on a plus de chance d'entendre ce grognement émis par les deux sexes.

La plupart des petits poissons préfèrent être en couple ou en banc et ont besoin d'un aquarium plein de cachettes et de végétation.

◀ Le gourami miel *(Trichogaster chuna)* est un petit gourami facile à élever et gratifiant, idéal pour les petits bacs collectifs. Avec seulement 4 cm, les mâles sont un petit peu plus petits mais plus colorés que les femelles, surtout au moment du frai. Ce poisson se reproduit en aquarium.

◀ Les barbus cerise *(Puntius titteya)* ne sont pas des poissons de banc, il faut donc les élever en couple. En période de frai, la coloration du mâle correspond bien à son nom, mais les femelles sont plus ternes. Les deux sexes mesurent 5 cm.

Peu de poissons d'aquarium possèdent une robe rouge aussi intense que celle du mâle barbus-cerise.

◀ À l'époque du frai, plus le banc de barbus quadrillés *(Puntius oligolepis)* est grand, plus les mâles montreront leurs couleurs aux partenaires potentielles. Bien que les mâles soient parfois agressifs entre eux, ces poissons sont pacifiques avec les autres espèces.

▼ Le barbus à cinq bandes *(Puntius pentazona)*, peu exigeant, est idéal pour les débutants. Il atteint 5 cm. Les poissons installés arborent des écailles brillantes.

Les barbus à cinq bandes préfèrent être en banc de cinq ou six.

Les petits poissons n'ont pas toujours besoin d'être maintenus dans de petits bacs, mais, s'ils le sont, vous devrez être encore plus vigilants. Sans un grand volume d'eau pour équilibrer les variations, les petits bacs sont plus sujets aux fluctuations des paramètres de l'eau. Un contrôle et un entretien régulier de l'eau tels que les changements partiels sont essentiels, et doivent être effectués peu mais souvent. Les petits poissons sont faciles à nourrir, car, dans la nature, ils mangent toutes sortes d'aliments. En captivité, donnez-leur diverses variétés de petits aliments secs, congelés ou vivants.

Platy wagtail rouge mâle.

Platy tuxedo femelle.

▶ Le platy *(Xiphophorus maculatus)* est le poisson communautaire parfait : il est pacifique, adaptable et facile à nourrir. On a créé des espèces hybrides avec des porte-épée et produit des myriades de couleurs et de nageoires.

Dans un bac contenant des plantations denses et un substrat foncé, la livrée rouge du poisson-crayon devient plus intense, et les spécimens installés sont bien plus beaux qu'au moment de l'achat.

▶ Bien que les poissons-crayons nécessitent une eau douce, le poisson-crayon *Nannostomus beckfordi* s'adapte à presque tous les types d'eau. Élevez ce poisson relativement calme et aux mouvements lents en banc d'au moins six sujets et avec des colocataires tout aussi paisibles.

▲ L'un des plus petits poissons connus, le rasbora nain ou pygmée *(Boraras maculatus)*, n'atteint que 2,5 cm. À cause de sa petite taille et de sa préférence pour une eau légèrement douce et acide, il ne convient pas à tous les aquariums et toutes les communautés.

▲ Avec ses 2-3 cm, le corydoras nain *(Corydoras pygmaeus)* est adapté aux petits aquariums. Ces poissons paisibles sont par nature des poissons de banc, ils aiment nager en groupe en pleine eau, surtout lorsqu'il y a d'autres petits poissons avec qui nager. L'idéal est de respecter le ratio d'un mâle pour deux femelles, en banc de 12 individus.

▶ L'idéal pour les arlequins *(Trigonostigma heteromorpha)* est un aquarium planté avec plein de cachettes et des zones d'ombre ; ces poissons nagent et se reposent en banc. Les jeunes poissons que l'on voit dans le commerce ont souvent l'air fin et délicat, mais les sujets bien établis deviennent plus robustes et arborent une coloration plus vive.

Malgré leur petite taille, ces poissons arborent des marques différentes qui les distinguent.

Les poissons de taille moyenne

Des poissons de tailles différentes créent un ensemble varié et vivant, c'est pourquoi on peut introduire quelques spécimens de taille moyenne dans un bac communautaire de petits poissons. En outre, ces poissons sont assez grands pour être vus de loin, et, lorsqu'il y en a plusieurs, l'aquarium devient plus actif et plus visible dans la pièce. Les gouramis et les Cichlidés présentés ici sont soit lents et gracieux, soit territoriaux avec des tendances agressives. Pour créer une communauté pacifique, il est important d'introduire le bon nombre de poissons.

Les gouramis perlés ont une bonne longévité en captivité, allant jusqu'à 8 ans.

◀ Le gourami perlé *(Trichogaster leeri)*, avec ses nageoires ondulantes et sa coloration étincelante, embellira tout bac communautaire. Les sujets des deux sexes mesurent 12 cm. Élevez-les en couple ou en trio (un mâle et deux femelles) ; ils se reproduiront en aquarium.

▼ Le gourami clair-de-lune *(Trichogaster microlepis)* se fait parfois mordre les nageoires, il faut donc le mélanger avec des poissons pacifiques. Donnez à ce poisson timide une couverture dense de végétation. Il atteint 15 cm. Le clair-de-lune ressort bien grâce à (et non malgré) sa couleur unie.

La reproduction

La plupart des gouramis construisent des nids de bulles flottants entre les plantes à la surface de l'eau, dans lesquels ils déposent leurs œufs après le frai. Dans les nids de bulles, on trouve parfois des bouts de végétaux : une végétation dense encouragera la reproduction.

Le gourami bleu *(Trichogaster trichopterus)*, très robuste et résistant, s'adapte à presque tous les types d'eau et il est devenu l'un des gouramis les plus courants en aquarium. Prenez un couple ou un trio (un mâle et deux femelles). Cette espèce peut être un peu agressive envers les autres poissons et surtout pendant le frai.

Même si de nombreux Cichlidés sont agressifs, le cichlidé arc-en-ciel *(Herotilapia multispinosa)* est relativement calme et s'accommodera d'une communauté de grands poissons. Ces poissons aiment rester dans le fond et apprécient les cavernes de roches ou de bois.

La forme du scalaire *(Pterophyllum scalare)* est tellement peu commune que bien souvent, on ne sait pas qu'il s'agit d'un Cichlidé. Il existe dans de nombreuses formes créées par croisements, qui offrent des variantes de couleurs et de nageoires. C'est une espèce très pacifique, même pendant le frai. Les mâles et les femelles peuvent atteindre environ 13 cm de long, mais ils sont généralement plus petits. Ce sont des poissons de banc qu'il faut élever en groupe dans l'aquarium.

Les mollys, porte-épée et poissons arc-en-ciel sont plus colorés et actifs que les gouramis et les Cichlidés, et sont idéaux pour créer un bac plein de mouvement. Tous les poissons présentés ici sont des poissons de surface qui adorent les aliments flottants comme les paillettes, mais ils développent une coloration plus vive lorsque leur nourriture est variée et contient aussi des aliments vivants ou congelés. Les gouramis, les scalaires et les Cichlidés sont des poissons d'eau douce tandis que les mollys, les porte-épée et les arcs-en-ciel viennent d'eaux plus dures. La plupart des espèces en vente sont nées en captivité et vivent bien dans des eaux un peu dures et même dures.

▲ Une bande noire distingue ce Cichlidé de taille moyenne que l'on trouve dans les mêmes habitats naturels que les scalaires et les discus. Bien qu'il soit paisible, le cichlidé-drapeau *(Mesonauta festivus)* a quelques petites tendances territoriales, il faut donc prévoir 60 cm de longueur de bac par couple.

▲ Ce molly argent lyre est sans doute un croisement de mollys.

▶ Il est très important d'avoir une bonne filtration et une eau de bonne qualité pour élever correctement le superbe molly-voile *(Poecilia velifera)*. On a croisé des poissons sauvages avec *Poecilia latipinna* et autres mollys pour produire différents patrons de coloration.

Molly-voile vert.

Molly-voile orange.

Les marques du xipho ananas sont proches de la forme sauvage.

◀ Les xiphos de captivité *(Xiphophorus helleri)* sont très résistants. Un bac communautaire spacieux contenant d'autres espèces robustes conviendra aux porte-épée, qui sont des poissons joueurs et actifs. Ils se comportent bien tant qu'ils ne peuvent pas dominer. Les femelles mesurent 12 cm et les mâles 8 cm (sans l'épée).

Ces poissons sont des mâles ; les femelles n'ont pas cette nageoire caudale en forme d'épée.

La grande diversité de leurs colorations illuminera tout aquarium.

▼ Le poisson arc-en-ciel turquoise *(Melanotaenia lacustris)* arbore ses couleurs dès le plus jeune âge. Si vous les observez bien, vous pourrez voir que la bande frontale de nombreux poissons arc-en-ciel change de couleur en un clin d'œil lorsqu'ils sont nerveux.

▼ L'arc-en-ciel de Boeseman *(Melanotaenia boesemani)* est une espèce populaire et superbe, mais les mâles ne revêtent pas toutes leurs magnifiques couleurs avant l'âge de 12 mois. Ce poisson de banc très actif a besoin d'un bac avec un brassage modéré et un couvercle car il saute facilement.

Les grands poissons

Les grands poissons ont besoin de grands aquariums, et la plupart de ces espèces nécessitent un bac mesurant au moins 150 cm – et plus s'il doit accueillir plusieurs poissons. Réfléchissez bien avant d'installer un tel équipement. Cependant, si vous avez la place, ces poissons sont un véritable spectacle et peuvent être apprivoisés par leur propriétaire. Le problème avec les grands poissons est qu'ils peuvent être turbulents et risquent de détruire les plantes, donc limitez votre décor à de grands objets qui sont difficiles à bouger et qui ne risquent pas de briser la vitre s'ils tombent.

◀ Les barbus-requins *(Balantiocheilus melanopterus)* sont des poissons grégaires qui doivent être par groupe de trois ou plus. Les mâles et les femelles atteignent 30 cm et un tel groupe nécessite un grand bac de 150 cm. À part cela, ces poissons sont faciles à maintenir en groupe ; actifs et pacifiques, ils peuvent cohabiter avec des poissons plus petits et sont de bons colocataires pour d'autres poissons actifs et robustes.

◀ Le barbus de Schwanenfeld *(Barbonymus schwanenfeldii)* est un poisson de banc paisible, nageur actif (à élever par deux au moins), mais à ne pas mettre avec des poissons de moins de 5 cm qu'il pourrait considérer comme une proie vivante. Dans le magasin, ne vous laissez pas duper par les adorables juvéniles ; ce barbus au corps large atteint la taille impressionnante de 30 cm et a besoin d'un bac tout aussi large pour s'épanouir.

Le barbus de Schwanenfeld a des écailles argentées qui brillent sous la lumière vive.

Les barbus de Schwanenfeld sont de gros mangeurs de plantes et sont habituellement installés dans de très grands bacs peu aménagés, en compagnie d'autres poissons communautaires et pacifiques, souvent trop grands pour les bacs communautaires habituels.

Le *Merodontotus tigrinus* est un magnifique poisson-chat tigré qui atteint 50 cm. Il nécessite un grand aquarium équipé d'un système de filtration puissant recréant l'eau très oxygénée et fortement brassée que ce poisson trouve dans la nature. Ce poisson très coûteux est un prédateur qui ne doit vivre qu'avec d'autres grandes espèces.

Le *Merodontotus tigrinus* est un nageur actif qui sursaute facilement. Un grand aquarium lui évitera de se cogner sur les vitres et d'abîmer son sensible museau.

Le pléco commun (*Hypostomus* sp.) est un poisson résistant et gros mangeur d'algues. Mais il peut détruire les plantes et tout abîmer dans l'aquarium. Malgré sa taille qui peut atteindre 45 cm en aquarium, il est très sociable avec les poissons de toutes tailles.

Ce poisson à la robe étonnante, bien que faisant partie d'un groupe de poissons qui se positionnent tête en bas, ne se met qu'occasionnellement dans cette posture de repos.

Le léporinus à bandes noires *(Leporinus fasciatus)* est un pensionnaire actif et intéressant pour un bac communautaire occupé par de grands poissons robustes mais pacifiques. Les mâles et les femelles mesurent 30 cm et apprécient une décoration faite de morceaux de bois et d'un substrat sableux. Le bac doit avoir une bonne filtration et des zones fortement brassées.

Ce poisson se distingue par une livrée contrastée et un corps en forme de torpille.

Les grands poissons produisent d'énormes quantités de déchets qui salissent l'eau et détériorent les paramètres de l'eau si la filtration n'est pas suffisante. Il faut installer de gros filtres externes, avec des masses filtrantes mécaniques comme les mousses qui captent et éliminent les débris. Des changements d'eau importants et réguliers, effectués en conjonction avec le nettoyage du gravier, sont nécessaires pour maintenir des taux de nitrates bas. Il sera donc utile d'avoir une zone de stockage où préparer l'eau des changements partiels.

◀ L'uaru *(Uaru amphiacanthoides)* est un poisson familier et facile à maintenir en groupe. Il aime une distribution de feuilles de plantes ou de laitues qu'il dévore rapidement. En photo, un sujet adulte.

▶ Le corps rond du dollar d'argent *(Metynnis argenteus)* lui confère une présence forte dans un aquarium, où, en groupe, il fera bon ménage avec d'autres grands poissons paisibles et même avec de grands Cichlidés. Les dollars d'argent sont exclusivement végétariens, nourrissez-les avec des granulés, des flocons pour herbivores, des algues, de la laitue, des concombres et des matières végétales.

Lors du frai, les nageoires deviennent plus vives et des marques apparaissent parfois sur le corps.

▶ L'oscar *(Astronotus ocellatus)* est sans doute le plus connu et le plus populaire des grands Cichlidés. Ce poisson apprend à reconnaître son propriétaire. Il atteint une taille de 25 à 40 cm et peut être maintenu dans un bac à espèce unique ou bien avec un grand pléco qui fouillera le substrat. Votre décor doit être grand et bien fixé, les résistances sécurisées, et les petites décorations artificielles seront aussi bien fixées pour que l'oscar ne les déplace pas et ne les endommage pas.

▲ *D. sexfasciatus* est très similaire à *D. lusosso*, mais c'est une espèce agressive dont la couleur s'estompe avec l'âge. On peut distinguer les deux espèces par la forme de leur nez.

▶ D'une taille impressionnante de 40 cm, le distichodus à long nez *(Distichodus lusosso)* a besoin d'un grand aquarium. Dans la nature, il broute les algues poussant sur les rochers, un bac bien éclairé fournira donc cette nourriture végétarienne.

▶ Le severum adulte *(Heros severus)* offre une présence gracieuse dans un grand bac où gagne en confiance avec le temps, même si les juvéniles sont timides et nerveux lorsqu'ils sont introduits dans un nouvel environnement. La variété dorée est populaire mais les adultes des variétés vertes ou sauvages arborent des robes plus intéressantes.

Les poissons de fond

Les poissons de fond jouent un rôle important dans le bac. Ils occupent le bas de l'aquarium et le fait qu'ils fouillent le substrat aide à le maintenir propre, car ils déplacent les particules de nourriture et empêchent les algues de s'établir en retournant le gravier. Évitez de mettre du gravier coupant qui pourrait endommager les parties sensibles de la bouche, et nourrissez-les avec des aliments qui coulent dans le fond, car ils ne survivraient pas avec les restes des autres poissons. Pour qu'ils se sentent bien, aménagez des cachettes et installez des végétaux.

◄ Le bagre jaune *(Mystus vittatus)* est grégaire. Un groupe de sept ou huit sujets dans un grand aquarium planté offre un spectacle impressionnant.

Le bagre jaune possède quatre bandes distinctes, sombres et épaisses, qui courent tout le long de son corps et lui donnent une apparence mince et élégante.

Poisson-chat nu

Mystus vittatus est un « poisson-chat nu », c'est-à-dire qu'il ne possède pas d'écailles pour protéger son corps. Sa peau est assez dure mais elle est facilement griffée ou abîmée par les objets coupants. Votre décoration et vos équipements doivent donc avoir des bords arrondis.

Corydoras adolfoi (ci-dessous) fait partie des nombreuses espèces de corydoras, chacune ayant des taches bien particulières.

► Les poissons-chats corydoras sont petits, paisibles, résistants et pleins de caractère. Maintenez au moins trois ou quatre individus de chaque espèce.

Corydoras sterbai a des nageoires pectorales orange – signe qu'il risque de lâcher une substance toxique en cas de stress.

Le magnifique poisson cuirassé vert *(Brochis splendens)* passe le plus clair de son temps le nez enfoui dans le substrat sablonneux à la recherche de nourriture. Maintenez ce poisson par groupe de six. Les juvéniles arborent une nageoire dorsale surdimensionnée et sont souvent importés sous le nom de « corydoras voile ».

Le gobie à anneaux d'or ou poisson-abeille *(Brachygobius xanthozonus)* est un petit poisson étonnant qui fait souvent l'objet d'un achat impulsif. Cependant, il doit être nourri régulièrement avec de petits aliments : daphnies, cyclopes, artémias. C'est un poisson qui provient des eaux saumâtres, il vous faudra ajouter du sel dans l'aquarium, ce qui va sans doute limiter votre choix de pensionnaires.

La loche naine ou loche-damier *(Botia sidthimunki)* est adaptable. Active pendant la journée, elle fouille le substrat à la recherche de nourriture. Ce poisson très sociable sera maintenu en groupe de trois ou quatre membres. Installez quelques cachettes et donnez-lui une alimentation variée (granulés coulants, algues, aliments congelés ou proies vivantes).

Les taches noires le long du corps de ce poisson lui ont donné l'un de ses noms communs.

Les poissons grégaires de pleine eau

Les poissons ont de bonnes raisons pour vivre en groupe dans la nature ; c'est une stratégie qui consiste à suivre les autres afin de trouver de la nourriture et d'échapper au danger des prédateurs plus rapidement. Dans l'aquarium, un banc est normalement composé d'environ six poissons, bien que, s'il y a de la place, un nombre plus important fasse une plus grande impression. Les petits poissons grégaires ne se montreront confiants et n'auront de belles couleurs que s'ils connaissent les zones sûres de l'aquarium. Donnez-leur une végétation dense, des décors et des refuges.

◀ Le tétra cuivre *(Hasemania nana)* est un excellent poisson communautaire, surtout dans les nouveaux aquariums. Il est robuste, adaptable, nage en pleine eau avec confiance, ce qui peut encourager les poissons plus timides et délicats à s'aventurer.

Certaines espèces guettent les signes envoyés par les bancs de poissons qui leur indiquent qu'ils sont en sécurité pour nager en pleine eau ainsi que l'heure du nourrissage, lorsque l'activité est plus intense.

▼ Dans une eau de bonne qualité (douce et légèrement acide), les tétras à bouche rouge *(Hemigrammus bleheri)* arborent une vive coloration rouge autour de la tête et des bandes distinctives sur la nageoire caudale. Maintenez ces poissons pacifiques en groupes de cinq ou plus. Bien qu'ils aiment se cacher parmi les plantes, ils nagent aussi en pleine eau.

▶ Maintenez le poisson arc-en-ciel ou arc-en-ciel filigrane *(Iriatherina werneri)* en groupes d'au moins cinq individus. À 5 cm, les mâles sont plus grands et plus colorés que les femelles, et leurs nageoires dorsales et anales ont de fines extensions qu'ils utilisent en parade. Ces jolis poissons sont bien adaptés aux petits aquariums.

▶ Le moenkhausia aux yeux rouges *(Moenkhausia sanctaefilomenae)* a une bande noire distinctive sur la queue et des écailles bordées de noir qui lui donnent une apparence d'armure. Il nage à la surface ainsi qu'en pleine eau et apprécie les couvertures végétales. Maintenez-le en banc de cinq ou six individus.

▶ Récemment apparu sur le marché de l'aquariophilie, le *Danio choprai* deviendra certainement un poisson populaire. C'est une espèce active, grégaire et qui nage en surface, avec une livrée orange et rouge, vive et distinctive, surtout pour un poisson qui ne mesure que 3,5 cm de long.

Les poissons de surface

Dans la nature, la surface de l'eau est un bon endroit où trouver de la nourriture : les insectes et autres bestioles s'y noient, les fruits et les graines tombent des branches suspendues au-dessus de l'eau. La plupart des poissons de surface sont habitués à des zones peu profondes et très végétalisées, comme les berges de cours d'eau ou les bords moins profonds des plus grandes rivières. C'est pourquoi ils risquent d'être perturbés dans un aquarium sans refuges situés près de la surface. Les plantes flottantes, les grandes plantes et les grands bouts de bois fourniront de bonnes cachettes. Il est essentiel de donner des aliments flottants aux poissons de surface, car peu d'entre eux nageront vers le fond pour se nourrir. Bien qu'ils vivent à la surface, ils sont souvent lents à manger, donc assurez-vous qu'ils aient assez de nourriture en élargissant l'aire de nourrissage ou en distrayant les autres poissons avec des aliments qui coulent.

Le poisson-hachette

La forme curieuse du poisson-hachette est due à un muscle hypertrophié qui lui permet de sauter au-dessus de la surface sur plusieurs mètres pour éviter le danger. En raison de ce moyen de fuite, ce poisson reste constamment à la surface. Il faut donc prévoir un couvercle pour éviter qu'il ne saute hors de l'aquarium.

▶ Le poisson-hachette commun *(Gasteropelecus sternicla)* est souvent confondu avec le poisson-hachette argenté, qui a une gorge plus profonde. Il est robuste et, si on lui donne quelques cachettes à la surface, il devient un poisson confiant.

▶ Le poisson-hachette à ailes noires *(Carnegiella marthae)* est calme et pacifique et n'embête pas les autres poissons, il est donc idéal pour le bac communautaire. Maintenez ce poisson de banc en groupe d'au moins trois individus.

Le poisson-hachette à ailes noires est constamment à la surface, toujours visible dans l'aquarium.

Dans une communauté de poissons à la taille similaire, le demi-bec *(Dermogenys pusilla)* est un pensionnaire pacifique. Donnez-lui des larves de moustiques, des mouches à fruits et d'autres proies vivantes. Il accepte les flocons et les aliments surgelés mais pas ceux situés au fond du bac.

Le panchax rayé *(Aplocheilus lineatus)* est un poisson facile à maintenir ; c'est un nageur de surface, avec une bouche grande et large qui donne l'impression de sourire ! Il vit dans la partie haute de l'aquarium, apportant de la couleur et du mouvement parmi les plantes flottantes.

Un certain nombre de poissons de surface du type de *A. lineatus* ont développé une tache brillante sur le dessus de la tête. Elle attire les mouches et autres insectes qui deviennent rapidement leur repas.

Le poisson-papillon porte bien son nom commun.

Avec sont dos droit, sa bouche tournée vers le haut, et son superbe camouflage, le poisson-papillon *(Pantodon buchholzi)* a toutes les qualités pour être un prédateur efficace de petits poissons de surface. Formez un banc de trois à six individus en compagnie de poissons de fond et de pleine eau de même taille dans un aquarium bien planté.

Les poissons populaires

Il existe de nombreux poissons d'aquarium très populaires. Ils sont disponibles en magasin toute l'année et leurs couleurs chatoyantes attirent le regard des débutants. Cependant, ces poissons ne sont pas toujours idéaux pour les aquariophiles débutants ; beaucoup souffrent de problèmes associés à une reproduction intensive en captivité et des croisements effectués en vue de créer de nouveaux patrons de coloration. Il est courant d'acheter ces poissons sur un coup de tête, pourtant il est mieux de se renseigner avant. Même le guppy, très connu, connaît des problèmes lorsqu'il est introduit dans un bac communautaire.

▶ Le gourami nain *(Colisa lalia)* est l'un des poissons les plus populaires et les plus attrayants. Il existe plusieurs patrons de coloration, mettant en valeur soit le bleu soit le rouge de la coloration naturelle des espèces sauvages.

La variante rouge du gourami nain est assez différente de celle de l'espèce sauvage rayée.

Gourami nain bleu femelle.

Gourami nain bleu mâle.

La plupart des spécimens de néons sont reproduits en masse et montrent désormais des signes de faiblesse dus à la reproduction intensive. Vérifiez bien les couleurs et la forme du corps avant d'acheter ces poissons.

Sous un bon éclairage, les écailles du tétra néon sont brillantes.

▶ Une fois installé dans un aquarium mature dans une eau de bonne qualité, le néon *(Paracheirodon innesi)* est résistant et robuste. Pour un bel effet visuel, maintenez un groupe important. Éviter les pensionnaires de grande taille qui pourraient manger ces petits tétras et privilégiez les espèces pacifiques.

Si l'espace le permet, les néons rouges maintenus en groupes de 10 ou 20 sont plus visuels.

▲ Le néon rouge *(Paracheirodon axelrodi)* se différencie du néon par les deux bandes rouge et bleue qui s'étendent tout le long du corps. Ces dernières années, les néons rouges sont devenus l'alternative au néon et l'on peut trouver de bons individus plus résistants que certains peuplements de néons devenus faibles.

Mâle

Femelle

▶ Le très joli ramirezi *(Microgeophagus ramirezi)* est un poisson paisible, même lorsqu'il fraie. Il a besoin d'une eau très douce et légèrement acide pour une bonne longévité et la reproduction. Les poissons élevés à la maison sont plus chers, mais valent ces dépenses supplémentaires.

◀ La popularité du pulcher ou kribensis *(Pelvicachromis pulcher)* n'est pas difficile à expliquer ; c'est un Cichlidé petit, coloré, assez paisible, facile à maintenir, à différencier et à reproduire. Les soins portés à la progéniture sont excellents et durent pendant des mois.

La plupart des poissons populaires sont élevés en captivité, puis acclimatés à l'eau du revendeur local, ils n'ont donc pas besoin de conditions spéciales. Si la plupart préfèrent être en banc, certains, comme le labéo à queue rouge, sont des solitaires. N'en mettez jamais deux ensemble car cela se terminerait en des luttes continuelles pour le territoire. La plupart des poissons populaires sont assez paisibles, mais ne considérez pas cela comme acquis. Les ovovivipares, comme les guppys et les mollys, doivent être maintenus selon le ratio de deux femelles pour un mâle car ce dernier harcèle la femelle en permanence, tandis que les Cichlidés, comme le kribensis ou le ramirezi, préfèrent être en couple.

Les guppys

Bien que les guppys soient faciles à maintenir et à reproduire dans un aquarium bien entretenu, la plupart des sujets du commerce sont issus de reproductions massives avec pour conséquence une moindre tolérance aux maladies. Leurs longues nageoires sont souvent attaquées par les « mordilleurs » ; cela limite votre choix quant à l'introduction de pensionnaires supplémentaires.

▲ Le guppy *(Poecilia reticulata)* est un poisson communautaire actif, coloré et pacifique. La robe tachetée de cette variété lui a donné son nom de guppy léopard ou mosaïque.

Femelle

◀▼ Le black-molly *(Poecilia sphenops)* apporte de la vie dans les zones intermédiaire et haute d'un bac communautaire spacieux. Grâce à son caractère placide, il cohabite avec toutes les autres espèces paisibles. Donnez-lui un aquarium avec de la végétation, de l'eau moyennement dure avec un pH de 7 à 7,4.

Mâle

Lorsqu'il est jeune, le labéo à queue rouge *(Epalzeorhynchos bicolor)* est un nageur actif, grégaire et pacifique, mais avec l'âge il devient agressif et territorial. Cependant, maintenu avec de grands pensionnaires robustes, comme les barbus, poissons arc-en-ciel et Cichlidés de taille moyenne à grande, c'est un poisson très intéressant pour l'aquarium.

Peu de poissons possèdent un patron de coloration aussi contrasté que ce labéo au corps noir de jais et à la queue rouge vif.

Le tétra lumineux *(Hemigrammus erythrozonus)*, résistant, paisible et petit, satisfait tous les critères du petit poisson communautaire. Ce joli poisson se maintient en banc d'au moins cinq individus. Des nourrissages réguliers les maintiendront en bonne condition et un décor plutôt sombre fera ressortir leurs couleurs étincelantes.

Un barbus de Sumatra bien acclimaté arbore des bandes noires et un liseré rouge vif sur les nageoires.

Le barbus de Sumatra *(Puntius tetrazona)* est un barbus de taille moyenne très populaire et au corps épais, mais, à cause d'une reproduction massive, il devient difficile de trouver des sujets à la robe rayée de noir que l'on trouve dans la nature. Élevé en banc d'au moins six individus, il importune moins les autres espèces de poissons.

Les poissons actifs

Les espèces paisibles aux mouvements lents sont très relaxantes à regarder, mais on peut également trouver plus stimulant de regarder un aquarium animé peuplé d'espèces actives. Les poissons actifs sont presque tous des poissons de banc, qui se poursuivent, cherchent de la nourriture et semblent jouer continuellement dans tout l'aquarium. Souvent, ils reconnaissent l'aquariophile et s'approchent vivement en pensant qu'il s'agit de l'heure du nourrissage. Tous les poissons n'apprécient pas cet environnement agité, il faut donc maintenir les espèces actives avec des poissons au caractère similaire.

◀ La superbe coloration du barbus-torpille à ligne rouge ou barbus-crayon *(Puntius denisonii)* ressort dans l'aquarium. Bien qu'il soit cher et qu'il ait besoin de beaucoup de place, ce poisson est un excellent poisson actif pour l'aquarium.

▶ Le barbus rosé *(Puntius conchonius)* est peu exigeant ; d'une bonne longévité, il est très résistant, avec des nageoires normales ou longues. Un substrat de couleur sombre fait ressortir ses couleurs. Maintenez au moins deux individus, mais l'idéal est d'avoir un groupe dans un aquarium végétalisé.

◀ Donnez un bac spacieux au barbus à trois bandes *(Puntius arulius)*, poisson actif mais pacifique. Élevez au moins une paire avec d'autres espèces de la même taille. Les rayons de la nageoire dorsale se développent chez les mâles matures. La couleur s'intensifie avec l'âge chez les deux sexes et les écailles sont légèrement irisées.

Le tétra bleu du Congo *(Phenacogrammus interruptus)* est un excellent poisson grégaire pour les grands aquariums et les communautés de poissons de taille moyenne. Il aime nager en pleine eau au milieu et à la surface du bac. Maintenez un banc d'au moins cinq individus et évitez les colocataires agressifs.

Les tétras bleus du Congo mâles ont de longues nageoires effilochées qui ondulent dans l'eau.

Les bleus et les jaunes irisés sont plus visibles chez les spécimens bien établis.

Danio géant doré

Le corps profilé indique bien qu'il s'agit d'un poisson rapide.

Danio géant

Comme son nom l'indique, le danio géant *(Danio aequipinnatus)* est un des plus grands danios couramment disponibles, qui atteint 12 cm. Ce poisson résistant et adaptable est un bon pensionnaire pour un bac animé et peuplé d'espèces de taille similaire. Évitez d'y introduire des espèces délicates, car il est toujours en mouvement.

Lorsque vous achetez un danio géant, vérifiez bien que la bouche est intacte, car les juvéniles, qui sont farouches, heurtent souvent les vitres et s'abîment la bouche.

Les poissons actifs sont souvent résistants, ceci est dû à leurs origines : des cours d'eau vive dont les conditions sont susceptibles de changer avec les saisons ou même dans la journée. Ils s'adaptent relativement bien à différents taux de pH et niveaux de dureté de l'eau, mais ils ont besoin d'une bonne filtration et d'une bonne oxygénation, et idéalement, d'un bon brassage. Les poissons actifs dispersant beaucoup leur nourriture, ajoutez quelques poissons fouilleurs qui nettoieront les restes au fond de l'aquarium. La plupart des loches rempliront ce rôle car elles sont également très actives.

◀ Bien qu'il ne soit pas très coloré, les taches distinctives de la caudale du rasbora-ciseaux *(Rasbora trilineata)* en font un poisson intéressant qui peut vivre dans un bac communautaire peuplé d'espèces de taille similaire. Maintenez-le en groupes d'au moins quatre avec un grand espace de nage, des refuges et des plantes sur les bords du bac.

▶ On recommande souvent d'introduire le danio zébré *(Danio rerio)* parmi les premiers pour sa nature résistante, paisible et confiante. Un banc d'au moins quatre individus ajoutera beaucoup de mouvement et d'animation dans un aquarium.

Ceci est la forme normale du danio zébré, mais les variétés à longues nageoires et albinos sont également courantes.

◀ Certains pensent que le danio-léopard est une espèce en soi *(Danio frankei)*, tandis que d'autres pensent qu'il s'agit d'une mutation du danio zébré. Les deux sont idéaux pour les petits aquariums communautaires.

Son caractère actif et joueur fait de la loche zébrée *(Botia striata)* un pensionnaire intéressant pour le bac communautaire. Maintenez ce poisson paisible et très sociable en banc d'au moins trois individus. Il a besoin d'un substrat sableux ou non tranchant car il fouille constamment le fond et risquerait d'endommager ses barbillons sensibles.

Le poisson arc-en-ciel nain *(Melanotaenia praecox)* est un poisson de banc actif et paisible, idéal pour les petits bacs collectifs. Élevez au moins un couple, mais un groupe de cinq offre un beau spectacle coloré. Les mâles ont des nageoires rouges et un corps bleu électrique, tandis que les femelles sont argentées avec des nageoires jaune orangé.

Bien que les poissons actifs nécessitent un grand espace de nage, ils apprécient également d'être stimulés par leur environnement. Installez des végétaux et des décors solides dans le fond et sur les côtés de l'aquarium.

Afin d'apprécier pleinement l'activité de l'étonnant pimelodus tacheté ou ange *(Pimelodus pictus)*, donnez-lui un grand espace de nage pour qu'il puisse bouger librement. Outre son corps argenté, ses taches noires et d'élégantes lignes, ce poisson possède de très longs barbillons qu'il utilise sans cesse pour se mouvoir.

Les poissons remarquables

Les aquariophiles débutants sont souvent surpris de la diversité de caractéristiques et de comportements des poissons d'aquarium. Un poisson remarquable devient souvent le préféré du propriétaire, et celui que les visiteurs remarquent. Ce poisson peut être extrêmement animé, curieux ou avoir des caractéristiques physiques inhabituelles. La nage « ventre en l'air » du silure du Congo et la nage tête en bas du chilodus, l'excellente capacité de navigation du poisson aveugle, et les superbes couleurs et nageoires du combattant sont des particularités qui rendent l'aquariophilie si intéressante.

◀ Avec une coloration et une voilure superbes, le très populaire combattant *(Betta splendens)* est un pensionnaire intéressant pour l'aquarium communautaire en compagnie d'espèces petites et pacifiques qui ne risquent pas de mordiller les longues nageoires du mâle.

Un mâle par bac

Le mâle combattant *(Betta splendens)* est en général assez docile mais, s'il rencontre un autre mâle, le combat est inévitable. Bien que vous ne deviez jamais maintenir plus d'un mâle à la fois, il est plus sûr d'élever un couple ou un mâle et plusieurs femelles en fonction de la taille du bac.

Tout comme les autres Anabantoïdes, le combattant possède un organe respiratoire auxiliaire (le labyrinthe) qui lui permet de respirer l'air atmosphérique à la surface de l'eau.

◀ Avec sa très mauvaise vue, le silure peint *(Megalechis thoracata)* dépend de ses barbillons très sensibles pour explorer autour de lui, ce qu'il fait tout le temps. C'est cette activité constante qui peut parfois agacer les autres poissons, mais qui rend ce poisson si intéressant dans un aquarium.

▶ Dans la nature, la nage « ventre en l'air » du silure du Congo *(Synodontis nigriventris)* lui permet de se nourrir de larves de moustiques qui s'accumulent à la surface ou sous les feuilles retombantes et dans la végétation immergée. En captivité, il acceptera des granulés, des flocons et des aliments congelés ainsi que des vers rouges, des daphnies et des larves de moustiques.

De nombreuses espèces de Synodontis nagent ventre en l'air, mais celui-ci est considéré comme l'originel, il apparaît même sur des bas-reliefs et des peintures de l'Égypte ancienne.

Yeux recouverts de peau.

▲ Le poisson aveugle ou tétra cavernicole *(Astyanax mexicanus)* n'a pas d'yeux mais utilise des sens très développés, déjà présents chez les autres Characidés, pour localiser sa nourriture et se déplacer. Dans son habitat cavernicole naturel, il n'a pas besoin de voir et pourtant le frai possède des yeux tout à fait fonctionnels qui se recouvrent de peau pendant la croissance.

◀ Le chilodus ou tête-en-bas *(Chilodus punctatus)* porte bien son nom car il nage la tête vers le bas. Maintenez ces poissons paisibles et assez timides en petits groupes avec d'autres espèces pacifiques et nourrissez-les avec des matières végétales.

Des poissons inhabituels apparaissent dans la nature lorsque leur environnement spécifique entraîne des évolutions, ce qui a pour conséquence des besoins spécifiques dans l'aquarium. Pour cette raison, vous devez toujours réfléchir et collecter des informations avant d'acheter un de ces poissons originaux. Les discus, par exemple, ont besoin de paramètres de l'eau spécifiques et d'une eau de très bonne qualité ; les poissons-clowns et les kuhlis nécessitent un substrat sablonneux et non tranchant et le poisson de verre a besoin d'eau courante. Il existe un poisson remarquable pour chaque aquarium qui peut s'entendre avec les autres habitants, à condition d'avoir été choisi en fonction de ses besoins.

▶ Les sélections et les croisements successifs ont créé d'innombrables variétés de discus *(Symphysodon aequifasciatus)*. Aménagez votre bac avec des morceaux de bois et de grandes plantes installées qui fourniront de l'ombre. Maintenez la température de l'eau à 25-28 °C et nourrissez les poissons avec des aliments pour omnivores et carnivores, dont des paillettes.

Le discus turquoise et le marlboro sont deux belles variétés parmi beaucoup d'autres.

▶ Les individus acclimatés de loches-clowns *(Chromobotia macracanthus)* sont actifs et vifs ; ils sont d'excellents colocataires pour d'autres espèces robustes. Maintenez-les en groupe d'au moins trois, mais idéalement cinq et plus. Ils auront besoin d'un grand bac car ils atteignent 20 cm. Tout comme d'autres loches, il arrive à ce poisson de se reposer sur le flanc.

◀ Le poisson-archer *(Toxotes jaculatrix)* est une merveille de la nature, qui doit son nom à une incroyable capacité : avec sa bouche, il projette avec précision un puissant jet d'eau sur les insectes pour les happer lorsqu'ils tombent. En captivité, ce poisson qui peut atteindre 25 cm, aura besoin d'un grand aquarium. Il préfère les eaux saumâtres.

▶ Dans les bacs des magasins contenant peu de cachettes, le kuhli *(Pangio kuhlii)* nage activement et s'enterre dans le substrat. Cependant, une fois installé dans l'aquarium, il reste dans son refuge la plupart du temps et ne sort que pour les nourrissages.

Donnez à ce poisson qui aime creuser un substrat non tranchant qui n'abîmera pas ses barbillons.

◀ Un poisson au corps transparent n'est pas du goût de tout le monde, mais le poisson de verre *(Kryptopterus bicirrhis)* est une espèce unique en son genre. Maintenez ces poissons timides en groupe et donnez-leur une nourriture variée faite de flocons, de proies vivantes et d'aliments congelés.

Les algivores

Les poissons qui éliminent les algues de l'aquarium sont évidemment très utiles et sont souvent achetés pour cette particularité, sans réflexion préalable pour leurs besoins spécifiques ou leur contribution à la communauté en tant qu'espèce intéressante en soi. Nombre d'aquariophiles ont connu les problèmes liés au pléco commun, un algivore qui devient vite trop grand pour la plupart des aquariums et détruit tout. Les algivores présentés ici feront « leur travail » mais sont aussi des espèces intéressantes et gérables.

▲ Les silures du genre *Ancistrus* sp. broutent les vitres de l'aquarium ainsi que les morceaux de bois tendre.

La bouche est conçue pour la succion et la prise (ventouse), elle permet au poisson de brouter les algues, tout en se tenant à l'objet dans une eau courante.

Les mâles adultes ont des barbillons ramifiés, doux et plus longs au centre et sur les côtés de la tête. On dit que les femelles choisissent le mâle avec lequel elles veulent s'accoupler en fonction de leurs barbillons.

▶ Avec ses 10 cm, le silure cuirassé nain rayé *(Peckoltia vittata)* est un poisson avec une bouche « ventouse » idéal pour tous les aquariums, sauf les petits. Il broute toutes les algues poussant sur les feuillages et le décor et accepte aussi les granulés et les légumes verts frais. Aménagez des cachettes dans l'aquarium.

Perchées sur les feuilles, même les plus petites, ou droites contre la vitre, les espèces d'*Otocinclus* broutent toutes les algues de l'aquarium (sauf les cyanobactéries et les algues pinceaux *Audouinella*). Comme ces poissons mangent sans arrêt, il est important de leur fournir des comprimés ou des plaquettes d'algues lorsque les algues naturelles ne sont plus disponibles dans le bac.

Les *Otocinclus* contrôlent le développement des algues à tous les niveaux du bac.

La forme du corps et la coloration du silure-anguille *(Farlowella acus)* le protègent des prédateurs dans la nature. Ses mouvements sont restreints par son bouclier osseux et il ne nage jamais bien loin. Nourrissez cet algivore avec des comprimés ou des plaquettes d'algues, dans un endroit éloigné des poissons qui reçoivent des paillettes.

Pour les aquariums plantés, il n'y a rien de tel que la crevette nettoyante *(Caridina japonica)* pour éliminer les algues. Un groupe de crevettes retirera les algues des endroits les plus imbriqués sans causer de dommages aux plantes délicates. Elles enlèveront même les cyanobactéries, les algues pinceaux et les algues filamenteuses que la plupart des poissons algivores dédaignent.

De nombreux poissons algivores ont besoin d'une eau légèrement douce pour s'épanouir ; choisissez-les donc avec attention si votre eau est dure. En outre, ils sont plus exigeants sur le type de décor dans l'aquarium que sur les paramètres de l'eau. Certains n'aiment pas la lumière vive. Les morceaux de bois font partie des éléments essentiels à ces poissons ; ils leur fournissent des cachettes idéales. De plus, brouter le bois aide le système digestif naturel de certains d'entre eux. Les plantes sont les bienvenues ; les petits algivores n'abîmeront pas les feuilles pendant leur activité et les grands spécimens seront maintenus avec des plantes résistantes.

◀ Bien que les jeunes gyrinos *(Gyrinocheilus aymonieri)* se comportent bien, les adultes ont tendance à poursuivre et agresser les poissons plus faibles. Malgré cela, ils ont leur place dans les communautés de grands poissons robustes, dont les grands Cichlidés et barbus. N'introduisez qu'un seul individu par bac car ils se battraient entre eux.

Les poissons proches parents, comme les gyrinos, les barbeaux et les labéos, se disputent souvent, mais, lorsqu'on maintient au moins cinq individus, la situation est normalement sans danger.

Confusion possible

Il y a d'autres espèces à l'apparence similaire au barbeau à raie noire, dont le barbeau à belles nageoires, mais aucun n'est ni aussi pacifique ni aussi efficace avec les algues. Le barbeau à raie noire est reconnaissable à son corps trapu, ses écailles bien dessinées, ses nageoires transparentes et son unique raie noire qui s'étend jusqu'à la nageoire caudale.

▶ Le barbeau à raie noire *(Crossocheilus siamensis)* est un excellent mangeur d'algues, s'attaquant même aux algues filamenteuses et aux algues pinceaux que la plupart des autres algivores dédaignent. Avec sa nature active, il cohabitera bien avec d'autres grands poissons robustes dans un bac communautaire.

Bien qu'il soit un bon mangeur d'algues, le labéo vert *(Epalzeorhynchos frenatum)* peut endommager les feuilles délicates. Donnez-lui un régime varié, avec des granulés qui coulent dans le fond, des tablettes d'algues, des aliments vivants et congelés. Le labéo vert est une alternative au labéo à queue rouge dans un bac communautaire.

Le pléco malais *(Beaufortia leveretti)* est un petit algivore très intéressant qui est parfaitement conçu pour se maintenir au fond, dans des courants forts. Pour maintenir ce poisson correctement, il doit y avoir un bon brassage de l'eau ; pour cela, prévoir peut-être une pompe supplémentaire. Nourrissez-le de comprimés d'algues et de petits aliments congelés ou vivants.

Il existe plus de 40 espèces de plécos-bouledogues (*Chaetostoma* sp.) qui sont difficiles à différencier. La plupart atteignent 10-15 cm et apprécient un aquarium doté d'une bonne filtration et d'un bon brassage. Les plécos bouledogues aiment brouter les algues sur les pierres lisses et se cacher dans des grottes faites en roches ou en bois.

Les Cichlidés du Malawi

Les Cichlidés du lac Malawi comptent parmi eux certains des plus beaux poissons d'aquarium, dont le jaune vif et le bleu électrique sont les couleurs dominantes. On peut diviser les Cichlidés en deux groupes : les espèces de pleine eau et les M'Bunas, inféodés au substrat rocheux. Ces derniers sont les plus courants en aquarium. Les M'Bunas sont naturellement agressifs et territoriaux et ne se mélangent pas à d'autres types de poissons d'aquarium, à l'exception de quelques espèces de poissons-chats résistants.

▶ Le haplo bossu *(Cyrtocara moorii)*, appelé aussi bossu du Malawi, tient son surnom de la forme de sa tête. C'est un poisson de fond qui s'élève avec d'autres espèces du Malawi aimant les plages sablonneuses comme lui ou nageant en pleine eau, mais pas avec les M'Bunas des zones rocheuses qui sont trop agressifs. Ne maintenez qu'un seul mâle et autant de femelles que vous le souhaitez.

▶ Le cichlidé à dorsale rouge *(Labeotropheus trewavasae)* est un M'Buna, nom local donné aux poissons colorés des substrats rocheux du lac Malawi. Maintenez-le dans un bac communautaire de M'Bunas, avec un seul individu mâle et une ou plusieurs femelles. Il est relativement pacifique pour un M'Buna et les mâles harcèlent rarement les femelles.

▶ Les M'Bunas du genre *Melanochromis* sont considérés comme les Cichlidés du Malawi les plus agressifs, alors n'en maintenez qu'un seul dans une communauté de Malawi et ne l'introduisez que lorsque l'aquarium est déjà peuplé. Dans les grands bacs de plus de 150 cm, il est possible d'élever un mâle avec deux femelles, mais, dans les plus petits bacs, le mâle, voire la femelle dominante, pourrait tuer la femelle la plus faible.

Dans un grand bac avec une zone de nage, le haplo-paon *(Nimbochromis venustus)* est un sujet étonnant, même s'il mesure jusqu'à 25 cm. C'est un prédateur naturel, il faut donc éviter de le mélanger avec de petits poissons. Ne mettez qu'un mâle par bac. Il est possible d'avoir plusieurs femelles ensemble.

Le mâle haplo-paon développe une livrée bleu métallique avec des taches jaunes sur la tête.

Le cichlidé bleu du Malawi ou cichlidé zèbre *(Metriaclima zebra)* se sent bien parmi de grands amas rocheux offrant de nombreuses cavités. Maintenez-le dans un bac d'ensemble de M'Bunas seulement et donnez-lui un régime omnivore avec beaucoup de matières végétales et peu d'aliments secs qui pourraient provoquer la maladie « du gros ventre », fatale.

L'aquarium

Afin de recréer les conditions du lac Malawi, l'aquarium doit être bien pourvu en édifices rocheux et l'eau doit être dure et alcaline. Pour pallier les problèmes d'agressivité, il est courant de surpeupler l'aquarium pour empêcher les poissons d'établir des territoires. De ce fait, il faut installer une filtration puissante et effectuer des changements d'eau réguliers afin d'éliminer les nombreux déchets produits.

Les Cichlidés du Malawi des mêmes groupes se reproduisent entre eux facilement ; la plupart des spécimens du commerce ne sont peut-être pas de « vraies » espèces.

Les Cichlidés du Tanganyika

Les Cichlidés du lac Tanganyika sont plus pacifiques que ceux du lac Malawi, mais ils s'avèrent être aussi territoriaux pendant le frai. Pour cette raison, ne les maintenez pas avec des espèces pacifiques, mais plutôt dans une communauté de Tanganyika uniquement. Au contraire des Cichlidés du Malawi, qui se nourrissent principalement de matières végétales, les Cichlidés du lac Tanganyika ont besoin d'un peu plus de viande dans leur régime et apprécient les compléments réguliers d'aliments surgelés. Comme les Cichlidés du Malawi, ces poissons préfèrent une eau légèrement dure et alcaline.

◀ Le compressiceps *(Altolamprologus compressiceps)* est un très joli petit Cichlidé des zones rocheuses avec plusieurs variantes de coloration géographiques. Il a une tendance à la nervosité et des exigences strictes quant à la qualité et aux paramètres de l'eau. Nourrissez ce piscivore à l'aube et au crépuscule avec du poisson cru, des crevettes grises et des crevettes roses, des vers de terre ainsi que des granulés pour carnivores.

Les Cichlidés du lac Tanganyika ont diverses méthodes de reproduction et sont généralement d'excellents parents, ce qui en fait des espèces intéressantes pour la reproduction en aquarium.

▶ Le très populaire bossu du Tanganyika *(Cyphotilapia frontosa)* est un grand poisson (les mâles mesurent jusqu'à 21 cm, les femelles jusqu'à 17 cm) qui risque de manger les autres pensionnaires. Il s'épanouit en groupe ou bien en mélange avec d'autres grands Cichlidés relativement paisibles du Malawi ou du Tanganyika.

▶ Le cichlidé queue-de-lyre *(Neolamprologus brichardi)* est élégant, facile à maintenir et à trouver dans le commerce. Élevez un couple ou, si l'aquarium est assez grand, un petit groupe. Si un couple se reproduit, n'enlevez pas les alevins tant qu'ils ne mesurent pas 2,5 cm car ils aident à protéger la nichée suivante. Les adultes risquent d'arrêter de frayer s'ils sont privés de leur famille.

▶ Le mâle et la femelle lamprologus citron *(Neolamprologus leleupi)* sont tous les deux superbes. Ils se reproduisent dans des cavités, et les deux parents sont attentifs à leur progéniture. Ne maintenez pas plus d'un couple dans un bac mesurant moins de 150 cm.

Les *Julidochromis* vivent dans différentes parties du lac Tanganyika et ont tous une apparence différente. Ci-dessous, la variété 'Kelimi'.

▶ Tous les *Julidochromis* (en photo, *Julidochromis transcriptus*) sont populaires auprès des aquariophiles pour leur apparence esthétique et leur comportement intéressant. Ils peuvent nager en arrière, ou sur un flanc ou encore sur le dos avec le ventre tourné vers le rocher le plus proche. Cette petite espèce est l'une des plus faciles à maintenir et à reproduire.

LES AQUARIUMS COMMUNAUTAIRES

Dans cette partie, vous sont présentés plusieurs types d'aquariums communautaires que vous aimerez peut-être essayer, avec leur assortiment de poissons et de plantes ainsi que leur aménagement. Il est important de comprendre la différence entre « poissons communautaires » et « communautés de poissons » : certes un aquarium donné peut abriter une communauté harmonieuse de poissons, mais l'aquarium communautaire, lui, est spécifiquement conçu pour une communauté de poissons choisis en fonction de leur style de vie, avec des besoins environnementaux proches.

Chaque mélange proposé ici est édifié autour d'un aquarium d'une taille donnée. Les composantes sont disposées autour d'un dessin du bac et incluent un tableau présentant une liste des poissons adaptés à cet aquarium et le nombre d'individus de chaque espèce que cette taille de bac peut contenir, une fois que l'équilibre est atteint. Les flèches partant des photos de chaque poisson indiquent approximativement la zone que le poisson occupe dans l'aquarium. Vous trouverez aussi des informations sur les plantes et les décors adéquats.

Le premier mélange présente un aquarium communautaire « classique » fait de poissons résistants et adaptables, qui occuperont toutes les parties de l'aquarium disponibles. La maintenance est facile et abordable pour les débutants. Si vous avez un espace limité chez vous, la présentation suivante démontre qu'il est possible de créer un aménagement intéressant et viable dans un aquarium compact. En utilisant un bac plus profond, vous avez la possibilité de maintenir une variété d'espèces paisibles et lentes ainsi que des plantes hautes qui leur fournissent des refuges. Totalement différent, un aquarium plus long peut abriter un nombre de poissons actifs et vifs qui offrent un spectacle permanent de mouvement et d'activité. Si vous avez la place pour un grand bac, vous pourrez installer une communauté de grands poissons impressionnants. La dernière proposition présente un aquarium communautaire composé de quelques fascinants Cichlidés des lacs de la vallée du Rift.

Mélange pour aquarium communautaire

Une communauté mélangée qui a un peu de tout est un bon point de départ pour les aquariophiles débutants. Tous les poissons présentés dans cet exemple sont faciles à trouver dans le commerce et s'adapteront à des conditions variées, bien que, comme pour tout aquarium, vous devrez contrôler avec attention la qualité de l'eau. Comme les poissons d'une communauté ont des préférences différentes, essayez d'inclure une variété de micro-habitats dans la conception, dont des zones ouvertes et des zones plantées, et installez des cachettes, des endroits tranquilles et des zones de brassage.

Les plantes adaptées

Hygrophila sp.
Cabomba sp.
Vallisneria sp.
Alternanthera sp.
Cryptocoryne sp.

▲ Le barbus doré *(Puntius semifasciolatus)*, actif et pacifique, atteint 10 cm de long.

▲ L'étonnant tétra lumineux *(Hemigrammus erythrozonus)* ajoute du mouvement.

▲ *Alternanthera reineckii.* Le dessous des feuilles est rose-rouge.

▶ Les galets arrondis ont l'air érodé.

▶ Cabomba *(Cabomba caroliniana).*

Les poissons adaptés

Barbus doré *(Puntius semifasciolatus)* x 4
Platy *(Xiphophorus maculatus)* x 6
Barbus quadrillé *(Puntius oligolepis)* x 4
Arlequin *(Trigonostigma heteromorpha)* x 6
Danio zébré *(Danio rerio)* x 10
Loche zébrée *(Botia striata)* x 3
Tétra lumineux *(Hemigrammus erythrozonus)* x 6
Kribensis *(Pelvicachromis pulcher)* x 2
Silure (*Ancistrus* sp.) x 1
Corydoras (*Corydoras* sp.) x 6

▲ *Hygrophila corymbosa* est une plante d'aquarium adaptable.

Dimensions du bac
90 x 45 x 38 cm

▼ Platy mâle *(Xiphophorus maculatus)*.

◀ Une fois installé, le bois artificiel semble naturel.

▼ Le très coloré kribensis *(Pelvicachromis pulcher)* est un Cichlidé communautaire populaire.

Prenez votre temps pour choisir le décor de votre bac, il existe des centaines d'articles différents.

Un petit aquarium

Les petits aquariums peuvent être tout aussi intéressants que les grands, et sont idéaux pour les petits espaces. Bien que beaucoup d'aquariophiles commencent avec un petit bac, ceux-ci sont parfois plus complexes à maintenir que les grands, car les perturbations de l'équilibre de l'aquarium sont amplifiées par le manque de volume d'eau. L'entretien doit être effectué « peu mais souvent ». Les plantes vivantes fournissent un bon environnement pour les poissons.

Les plantes adaptées

Petites espèces de *Cryptocoryne*
Espèces de *Salvinia*
Herbe aux écus *(Lysimachia nummularia aurea)*
Mousse de Java *(Vesicularia dubyana)*
Espèces d'Hydrocotyles ou de Cardamines
Lilaeopsis novae-zelandiae

▶ Le gourami miel *(Trichogaster chuna)* apprécie une couverture dense.

▶ Le poisson arc-en-ciel *(Iriatherina werneri)* vit en banc en pleine eau.

▶ *Lilaeopsis novae-zelandiae* s'étend à l'avant de l'aquarium.

▶ Corydoras nains *(Corydoras pygmaeus)*.

▶ *Cryptocoryne wendtii* s'adapte à des conditions variées.

Les poissons adaptés

Poisson arc-en-ciel *(Iriatherina werneri)* x 6
Gourami miel *(Trichogaster chuna)* x 2
Barbus cerise *(Puntius titteya)* x 3
Rasbora-clown *(Rasbora kalochroma)* x 4
Corydoras nains *(Corydoras pygmaeus)* x 6
Silure cuirassé nain rayé *(Peckoltia vittata)* x 1
Crevette nettoyante *(Caridina japonica)* x 4
Combattant *(Betta splendens)* x 1

Choisissez des poissons qui restent petits, et évitez les espèces chahuteuses car tout votre peuplement doit vivre en proximité.

▶ Les combattants *(Betta splendens)* existent en plusieurs couleurs. Rouge et bleu sont les plus communes.

▲ Gravier sans calcaire de grosseurs différentes.

Dimensions du bac
60 x 30 x 30 cm

◀ La crevette *Caridina japonica* aide à conserver un bac propre.

◀ *Anubias* sp. plantée sur du bois procure une pièce centrale.

Le décor

Des morceaux de bois avec des plantes fixées dessus (comme les Anubias, les mousses, etc.)
De petites cavités (faites de pierres ou artificielles).
Du substrat en silicium, ou sans calcaire, ou de quartz ou fin.
Un mélange de petits galets.

Les poissons pacifiques et lents

Si vous voulez profiter du calme de la vie subaquatique, évitez d'introduire des poissons chahuteurs ou agressifs. Ceux présentés ici ont été sélectionnés pour leur présence et leur caractère paisible, mais, comme tous les poissons de nature lente, ils ont besoin de nombreuses cachettes. Les plantes, les bambous, et les racines offrent une couverture et encouragent le poisson à « glisser » à travers l'aquarium. Les grandes plantes, comme les vallisnéries, vacillent doucement au gré du mouvement de l'eau. Les poissons qui aiment rester à la surface apprécient les nymphéas et les plantes flottantes.

Les plantes adaptées
Vallisneria sp.
Nénuphars (*Nymphaea* sp.)
Laitue d'eau *(Pistia stratiotes)*
Faux hygrophile *(Gymnocoronis spilanthoides)*
Cryptocoryne sp. (feuillage ondulé)

▲ Le poisson-papillon *(Pantodon buchholzi)* se nourrit la nuit.

◀ *Cryptocoryne undulata* a de longues feuilles vert foncé et ondulées.

▼ Le gravier de gros diamètre s'étale sur le sable.

▶ Choisissez des racines aux formes originales.

Les poissons adaptés

Barbus à cinq bandes *(Puntius pentazona)* x 6
Gourami perlé *(Trichogaster leeri)* x 4
Gourami clair-de-lune *(Trichogaster microlepis)* x 4
Poisson cuirassé vert *(Brochis splendens)* x 4
Ramirezi *(Microgeophagus ramirezi)* x 2
Tétra cuivre *(Hasemania nana)* x 6
Chilodus ou tête-en-bas *(Chilodus punctatus)* x 4
Poisson de verre *(Kryptopterus bicirrhis)* x 5
Poisson-papillon *(Pantodon buchholzi)* x 2

◀ *Vallisneria spiralis* 'Tiger' pousse vite dans la lumière vive.

Dimensions du bac
75 x 45 x 30 cm

▼ Le tétra cuivre *(Hasemania nana)*.

▼ Des cannes de bambous de tailles différentes créent un décor plus varié.

◀ Le poisson cuirassé vert *(Brochis splendens)* est un proche parent des corydoras.

Le décor

De grandes racines
Des cannes de bambous de toutes les tailles
Un substrat fin (noir de préférence)
De petits galets/des cailloux ronds

Les espèces actives

Un aquarium animé avec une population de poissons rapides est très amusant à observer. Même si les poissons sont assez petits, ils aiment nager et ont besoin d'un bac long avec des espaces ouverts. Leur mouvement permanent nécessite beaucoup d'oxygène, donc le brassage et l'aération de l'eau sont importants, et, comme de nombreux poissons actifs viennent d'environnements propres et d'eaux vives, une bonne filtration et des changements d'eau réguliers sont essentiels. Choisissez des plantes résistantes, car un taux d'oxygène élevé élimine les nutriments des plantes de l'eau.

Les plantes adaptées

Fougère de Java *(Microsorium pteropus)*
Crinole de Thaïlande *(Crinum thaianum)*
Cryptocoryne sp. (grande ou volumineuse, par exemple *C. pontederiifolia)*
Echinodorus (Echinodorus sp.)

▲ Xipho mâle *(Xiphophorus helleri).*

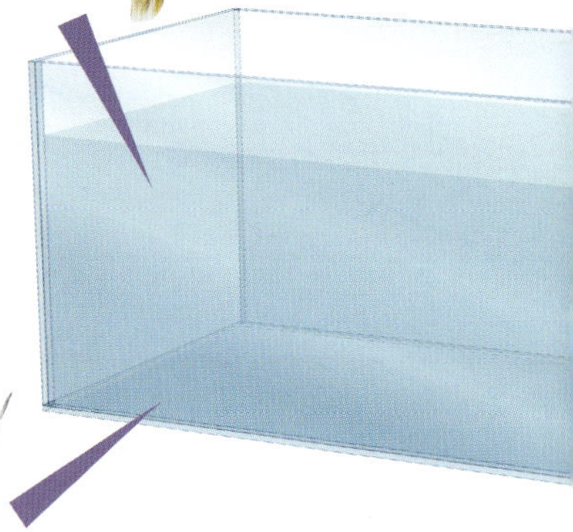

▼ Le pimelodus tacheté *(Pimelodus pictus)* a des épines pectorales pointues.

▼ La crinole de Thaïlande *(Crinum thaianum)* est une plante adaptable.

Des gicleurs fixés au filtre augmentent le débit de l'eau et l'aération.

▶ La roche de Westmorland a une texture et une couleur sableuses.

Les poissons adaptés

Xipho *(Xiphophorus helleri)* x 6
Poisson arc-en-ciel turquoise *(Melanotaenia lacustris)* x 4
Barbus rosé *(Puntius conchonius)* x 6
Barbus à trois bandes *(Puntius arulius)* x 4
Barbus de Sumatra *(Puntius tetrazona)* x 10
Danio géant *(Danio aequipinnatus)* x 6
Pimelodus tacheté *(Pimelodus pictus)* x 4
Tétra bleu du Congo *(Phenacogrammus interruptus)* x 6
Barbeau à raie noire *(Crossocheilus siamensis)* x 3

On peut utiliser des pompes à air pour créer des colonnes de bulles dans le bac, qui apportent plus de mouvement et d'activité.

Dimensions du bac
120 x 45 x 45 cm

Le danio géant *(Danio aequipinnatus)* se nourrit à la surface.

Le barbus de Sumatra *(Puntius tetrazona)* a une personnalité vivante.

Les pierres d'ardoise plates et lisses sont lourdes. Posez-les avec précaution.

La fougère de Java *(Microsorium pteropus)* est facile à entretenir.

Le décor

Du gravier rond
Des cannes de bambous
De gros rochers/morceaux d'ardoise

Les grands poissons

Pour créer un réel effet, rien ne vaut un ensemble de grands poissons. Ces poissons ont des caractères distincts, ce qui permet de créer un lien entre eux et leur propriétaire. La plupart des grands poissons se développent assez rapidement et, si l'on démarre avec de jeunes spécimens, cela leur permet de s'habituer aux autres, ce qui évite les conflits. De plus, vous aurez la joie de les regarder grandir. Les gros poissons ont besoin de grands aquariums, donc réfléchissez bien avant d'acheter ces espèces ; un aquarium de 180 cm est un minimum pour une communauté. Beaucoup de grands poissons mangent les plantes, donc les vraies plantes ne survivront sans doute pas.

Les grands poissons produisent beaucoup de déchets. Seul un bon filtre externe, ou bien deux mis côte à côte, aura la capacité d'aspirer et de traiter ces matières.

▶ Le severum *(Heros severus)* est facile à trouver en magasin.

▶ Le très beau synodontis ange *(Synodontis angelicus)* sort la nuit pour se nourrir.

▶ N'introduisez qu'un seul individu de labéo à queue rouge *(Epalzeorhyncus bicolor)*.

Les plantes artificielles

Si vous maintenez des poissons qui aiment creuser ou se délecter de plantes, les plantes artificielles sont sans doute la solution. Petit à petit, une fine couche d'algues se dépose à la surface et les couleurs commencent à s'atténuer. À terme, elles auront l'air très réalistes.

◀ Un mélange de galets clairs et foncés crée un contraste.

Les poissons adaptés

Barbus-requins *(Balantiocheilus melanopterus)* x 4
Pléco (*Hypostomus* sp.) x 1
Léporinus à bandes noires *(Leporinus fasciatus)* x 1
Uaru *(Uaru amphiacanthoides)* x 6
Severum *(Heros severus)* x 4
Synodontis (*Synodontis* sp.) x 2
Labéo à queue rouge *(Epalzeorhyncus bicolor)* x 1
Distichodus à long nez *(Distichodus lusosso)* x 1
Barbus-clef *(Puntius lateristriga)* x 6

Les grilles de protection protègent les résistances chauffantes contre les bousculades accidentelles des poissons qui peuvent produire des bris de glace.

▼ Barbus-requin *(Balantiocheilus melanopterus).*

Dimensions du bac
180 x 60 x 60 cm

▼ Léporinus à bandes noires *(Leporinus fasciatus).*

Les bandes nettes sont une caractéristique attrayante.

▼ Ce bois lisse à deux couleurs est appelé mopani.

Le décor

Des morceaux de bois (certains de grande taille) et des racines
De grandes cavités
Des pierres de lave
Galets en mélange (certains de grande taille)
Objets de grande taille

Un aquarium planté

Lorsqu'on installe un aquarium planté, cela nécessite une planification et de l'entretien, car les éléments vitaux, comme le substrat, ne peuvent pas être facilement changés une fois que l'aquarium est en route. Pour créer un bel arrangement, choisissez des espèces de plantes variées, avec des feuillages aux formes et couleurs contrastées, et divisez l'aquarium en espaces pour plantes hautes, moyennes et basses. Votre sélection de poissons se fera sur la base de leur apparence et de leur fonction. Les espèces qui aiment fouiller contribuent à la prévention du mulm (boue organique) et les algivores nettoient les plantes qui restent belles et propres.

Les plantes adaptées

Ammannia gracilis
Aponogeton sp.
Bacopa sp.
Barclaya longifolia
Eusteralis stellata
Glossostigma elatinoides
Heteranthera zosterifolia
Limnophila aquatica (ambulie aquatique)
Ludwigia sp.
Rotala sp.
Sagittaria sp.
Vallisneria spiralis 'Tiger' (feuillage fin)

Un appareil de fertilisation au CO_2 contribue au développement de plantes saines.

▼ Le kuhli *(Pangio kuhlii)* a une coloration étonnante.

◀ *Barclaya longifolia* stocke ses nutriments dans son rhizome.

La mousse s'enracine sur toute surface dure et s'étend en tout sens.

▲ De la mousse de Java *(Vesicularia dubyana)* sur bois.

▶ *Sagittaria platyphylla* possède des feuilles épaisses.

Les poissons adaptés

Poisson-crayon *(Nannostomus beckfordi)* x 6
Scalaire *(Pterophyllum scalare)* x 6
Tétra à bouche rouge *(Hemigrammus bleheri)* x 10
Panchax rayé *(Aplocheilus lineatus)* x 4
Crevette nettoyante *(Caridina japonica)* x 20
Otocinclus *(Otocinclus vittatus)* x 6
Loche naine ou loche-damier *(Botia sidthimunki)* x 4
Kuhli *(Pangio kuhlii)* x 6

▼ Le scalaire *(Pterophyllum scalare)* ressort bien dans un aquarium planté.

Dimensions du bac
90 x 45 x 45 cm

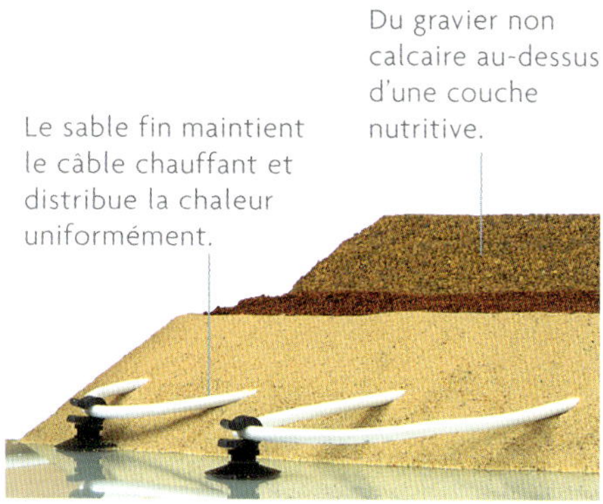

▲ Le câble chauffant produit des courants qui déplacent les substances nutritives autour des racines.

▶ *Glossostigma elatinoides.*

▼ Les petites feuilles pâles de *Bacopa caroliniana* contrastent avec les autres plantes.

Le décor

Sable fin (si utilisation d'un câble chauffant)
Substrat de silicium, non calcaire, ou de quartz
Additif pour substrat de plantation/latérite
Morceaux de bois (planté ou non de mousse, *Bolbitis*, fougère de Java, etc.)

Les Cichlidés des lacs africains

Les Cichlidés des lacs africains comprennent des poissons d'eau douce parmi les plus colorés. Afin de reconstituer leur habitat naturel, la composante essentielle est l'édifice rocheux. Certains Cichlidés peuvent se montrer agressifs, les rochers offrent des refuges pour les poissons plus faibles. Le chauffage doit être entouré d'une grille de protection contre d'éventuels chocs. Il n'y a pas de plantes dans cet aménagement car ces poissons les mangent. Ils produisent aussi beaucoup de déchets, il faut donc prévoir un grand filtre externe avec beaucoup de masses filtrantes mécaniques.

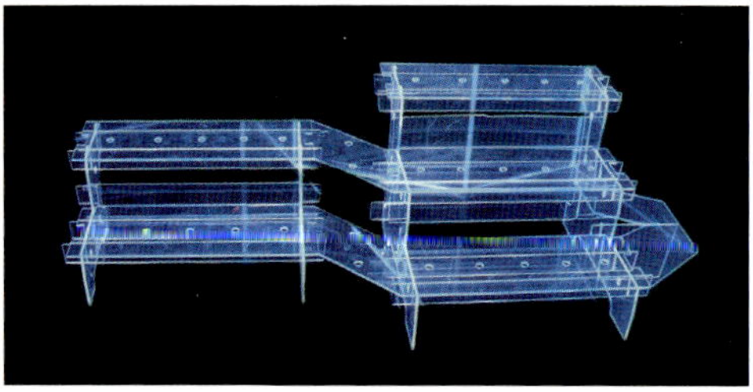

▲ Les supports comme ceux des aquariums marins sont une bonne base de construction pour des édifices rocheux légers.

▲ Le sable fin (le sable de Loire par exemple) ressemble au type de sable que l'on trouve dans le lac Malawi et fera un bon substrat pour ce bac.

Dimensions du bac
150 x 45 x 45 cm

▶ Pour que l'aménagement ait l'air authentique, choisissez de grands galets ronds. En alternative, les pierres de lave ou les pierres artificielles sont poreuses, très légères et faciles à empiler.

Les poissons adaptés

Cichlidé à dorsale rouge *(Labeotropheus trewavasae)*, 1 mâle, 4 femelles
Melanochromis auratus, 1 mâle, 2 femelles
Cichlidé zèbre (*Metriaclima* sp.), 4 mâles de différents patrons de coloration, 12 femelles

◀ Le cichlidé zèbre *(Metriaclima zebra)* mâle porte des taches jaunes sur la nageoire anale.

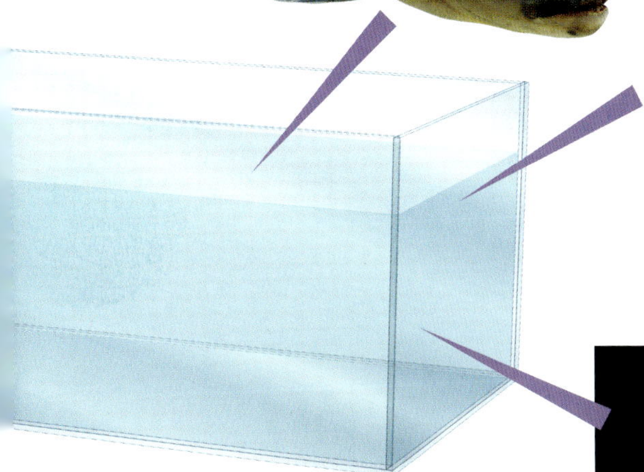

▲ *Labeotropheus trewavasae* présente plusieurs patrons de coloration.

▼ *Melanochromis auratus* arbore des bandes noires horizontales.

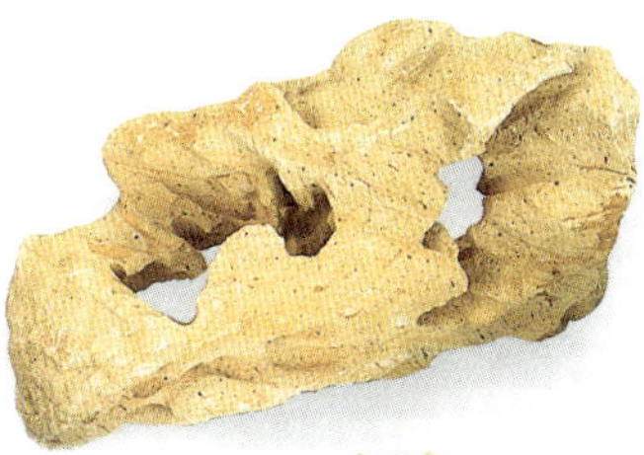

Les pierres océaniques calcaires contribuent à maintenir le taux de pH.

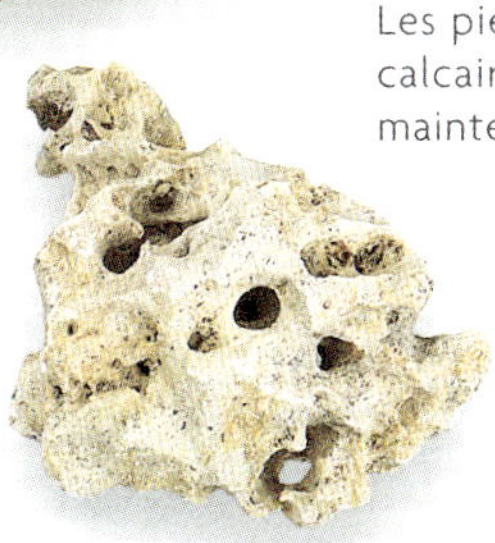

Les pierres océaniques tendres sont adaptées à cet aménagement.

Le décor

Gros galets
Pierre de lave
Pierres océaniques ou artificielles
Gravier de corail
Sable fin

Index